河南省社会科学院哲学社会科学创新工程试点项目

中原学术文库 · 论丛

加快推动县域经济高质量发展

ACCELERATING THE HIGH QUALITY DEVELOPMENT OF COUNTY ECONOMY

主　编　/　阮金泉　　谷建全

副主编　/　王承哲　　李同新

经济管理出版社
ECONOMY & MANAGEMENT PUBLISHING HOUSE

图书在版编目（CIP）数据

加快推动县域经济高质量发展/阮金泉，谷建全主编 . —北京：经济管理出版社，2020.12

ISBN 978 – 7 –5096 – 7248 – 8

Ⅰ.①加…　Ⅱ.①阮…②谷…　Ⅲ.①县域经济—区域经济发展—研究—中国　Ⅳ.①F127

中国版本图书馆 CIP 数据核字（2020）第 266075 号

组稿编辑：申桂萍
责任编辑：杨国强
责任印制：黄章平
责任校对：王淑卿

出版发行：经济管理出版社
　　　　　（北京市海淀区北蜂窝 8 号中雅大厦 A 座 11 层　100038）
网　　　址：www. E – mp. com. cn
电　　　话：（010）51915602
印　　　刷：唐山昊达印刷有限公司
经　　　销：新华书店
开　　　本：720mm×1000mm/16
印　　　张：11. 25
字　　　数：196 千字
版　　　次：2020 年 12 月第 1 版　　2020 年 12 月第 1 次印刷
书　　　号：ISBN 978 – 7 – 5096 – 7248 – 8
定　　　价：68. 00 元

前　言

2014 年初，习近平总书记在调研指导兰考县党的群众路线教育实践活动时，明确提出了把强县和富民统一起来，把改革和发展结合起来，把城镇和乡村贯通起来的重大要求。习近平总书记关于县域治理"三起来"的重要指示，深刻洞察了县域治理的特点和规律，回答了县域治理的目标、任务、动力所在，路线选择等重大问题，为县域经济高质量发展指明了方向，提供了遵循。2020 年 4 月 29 日，河南省县域经济高质量发展工作会议召开，围绕深入贯彻习近平总书记关于县域治理"三起来"重要指示精神，对河南省在新起点上推动县域经济高质量发展进行安排部署。在此背景下，2020 年 7 月 2 日，河南省社会科学院、华北水利水电大学和兰考县委、县政府联合举办了主题为"加快推动县域经济高质量发展"的第十一届中原智库论坛（春季）。论坛上，省内外 200 余位专家、学者围绕论坛主题展开热烈研讨，广泛交流，提出了许多高屋建瓴的理论观点和政策建议，为充分发挥新型智库作用、把智慧和力量凝聚到加快推动县域经济高质量发展提供了智力服务。我们把会上交流的论文经过适当整理后，以《中原学术文库·论丛》的方式出版。我们期望该文集能够为新起点上加快推动县域经济高质量发展的理论与实践提供支持，也真诚地希望广大读者对书中不妥之处提出批评指正！

编　者

2020 年 7 月

目　录

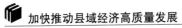

河南县域制造业高质量发展路径与对策研究

赵西三①

摘要： 制造业是县域经济高质量发展的核心支撑，近年来，河南县域制造业发展总体态势良好，部分县域制造业转型升级取得积极成效，但面对当前复杂形势，需要探索合适的转型方向和升级路径，重点在节俭式混合创新、特色化差异发展、集群化链式延伸、轻量化智能提升等方面探索新路径。

关键词： 县域经济；高质量发展；产业升级

对河南大多数县域来说，制造业都是支柱产业，更是县域经济高质量发展、乡村产业振兴的核心支撑。近年来，河南县域制造业发展总体态势良好，部分县域制造业转型升级取得积极成效，形成了一批特色突出的制造业集群，涌现出了一批转型升级成效明显的优势企业，对县域经济社会发展的支撑作用凸显。但是，当前全球疫情仍在蔓延，逆全球化持续升温，经济下行压力加大，市场需求变化加剧，企业经营压力明显增加，制造业转型升级和高质量发展面临的形势更加复杂，需要探索合适的转型方向和升级路径。

---

① 赵西三，河南省社会科学院工业经济研究所副所长、研究员，主要研究方向为工业经济学。

一、县域制造业高质量发展面临的主要问题

河南县域制造业正处在迈向高质量发展的关键期和攻关期，县域制造业发展面临的老问题与新问题交织。

（一）优势产业链条延伸度不够

河南很多县域产业都是依托优势资源发展起来的，如农副产品资源、矿产资源等，形成了一些优势产业，但大多数企业都集中在产业链中上游，资源型产品、初级产品、粗加工产品多，产业延伸度不够，高端产品和终端产品少，附加值不高，往往是把低价值产品卖给沿海地区，再买进制成品，产业链整体竞争优势没有显现出来。

（二）高层次人才短缺问题更加凸显

县域制造业正处在转型升级的关键阶段，与前些年相比，需求变化和技术进步明显加速，县域企业都认识到需要进一步加大研发投入、加快产品和业态创新。创新首先需要高层次人才，市县在区位条件、基础设施、公共服务、人文环境等方面与中心城市差距明显，市县拥有省级创新平台的民营企业数量不多，在吸引、留住高端人才方面存在明显劣势。我们在调研中了解到，县域很多企业出高薪也难以招聘到合适的科技人才。当前数字经济加速重构传统产业，新业态新模式快速渗透，县域企业在这些方面人才储备更少，转型升级面临的人才制约更大。

（三）融资难融资贵问题没有明显缓解

融资难融资贵问题是企业尤其是县域企业面临的老问题，由于产业层次低、利润率不高、抵押资产少等原因，县域制造业企业普遍面临着发展资金短

缺问题，融资渠道单一，融资成本偏高。我们调研中有些企业反映目前即使拿到银行贷款，加上担保费、抵押费等，总融资成本也都在15%左右。近年来，由于经济下行压力下民营企业盈利能力下降，部分金融机构抽贷、压贷、断贷情况增多，尤其县域民营企业遇到此类情况更多，甚至部分企业不得已通过高利贷周转资金，造成经营更加困难甚至陷入困境。

（四）县域企业家整体素质亟待提升

县域企业家大多数是从乡镇企业干起来的，文化水平不高，经营管理主要靠经验，在经济高速增长阶段没有问题，当前经济发展进入高质量阶段，创新成为企业发展的关键，企业家普遍存在着知识结构老化、能力素质不适应问题，对智能制造、互联网、在线经济、新技术、新业态、新模式等理解不深，一定程度上制约了企业转型升级步伐。2017年，河南省发展研究中心对全省企业家做了一次问卷调查，数据显示河南企业家硕士及以上学历占比仅为12.8%，专科及以下占比49.1%，无任何专业技术职称的占比44%，县域企业家应该比重更低。

（五）县域营商环境存在较大优化空间

尽管近年来河南加大"放管服"改革力度，企业发展环境优化明显，但县域营商环境改变非一日之功，企业办事依然存在诸多"痛点"，公共服务质量不高，"门好进、脸好看"，但"事难办"的现象还时有发生，慢作为、乱作为现象仍然存在，甚至在环保、消防、卫生、安全等环节仍存在不同程度的粗暴执法现象，有些市县重视招商引资来的企业，忽视本地企业转型发展的需求，造成本地企业在土地、资金上受限更大。2018年8月，赛迪顾问发布的《2018中国县域营商环境百强研究白皮书》中，江苏、浙江、山东三省分别有18、18、17个县入选，河南仅有4个县进入（偃师61名、灵宝67名、林州87名、长葛96名），并且均排在60名以后，这表明与先进地区相比，河南县域营商环境存在较大优化空间。

二、县域制造业高质量发展的路径选择

当前外部环境不确定性增加，而县域制造业发展又有着自身的特点，大多数县域传统产业比重大，技术和产品层次不高，民营以中小企业为主，缺少核心技术和产业升级风险太大，需要探索合适的转型方向和升级路径。

（一）节俭式混合创新

创新无疑是制造业高质量发展的重点，但是，县域层面多以研发强度低的传统产业为主，具有引领地位的龙头企业及单项冠军企业不多，对于大多数县域制造业企业来说，不能追求过于高端的技术引领性创新，更宜采用低成本的节俭式创新模式。区别于传统技术创新的高投入、高回报模式，节俭式创新是为了恰到好处地满足客户性价比需求，对产品和商业模式进行重新思考与设计，以高性价比满足客户需求，尤其是围绕当前我国中产阶级新国货需求，设计适销对路的产品和服务，或者对现有产品服务进行积木式混合创新，然后根据客户需求变化逐步提升产品和服务质量。节俭式混合创新不依赖顶尖级研发人才，不是对现有技术和产品方案的重大突破，侧重于满足当下需求，创新成本较低，市场风险较小，符合县域制造业企业实际。

（二）特色化差异发展

县域制造业发展要围绕优势明确产业定位，找准产业发展新趋势、产业转移新特点与本地综合优势的结合点，聚焦挖潜比较优势，实现特色化差异发展。沿海地区的县域特色产业是我国"世界工厂"的重要支撑，昆山的笔记本电脑、南通的家纺、诸暨的袜业、永嘉的钮扣、嵊州的领带、永康的五金、绍兴的轻纺和化纤、海宁的皮革和服装、温岭的汽配、乐清的工业电气、瑞安的汽摩配、晋江的运动鞋服、南安的建材水暖等，这些地方标志产品占全球份额均比较高。河南很多县缺乏一个清晰的产业定位，或者因主要领导变化对主导产业进行调整，缺乏战略定力，导致招商引资工作效率不高，什么产业项目和企业都想招进来，形不成产业生态和竞争优势，既浪费了自身的资源，也耽误了企业的发展，难以形成具有较强竞争力的主导产业。依托优势特色化差异发展，培育壮大 1～2 个主导产业，这样招商引资才有针对性和有效性，才能真正形成有竞争力的优势产业，才能真正为区域经济社会发展提供支撑。但是，县域聚焦壮大主导产业不是限制企业产业发展，只要不污染环境、有利润、有税收、有就业，不应限制发展，但一定要有 1～2 个主导产业集群。

（三）集群化链式延伸

对于一个县域经济体来说，要有明确的产业布局和规划，集中资源打造一个产业发展载体，为优势产业链的拓展留出空间。县域制造业集中布局，可以大幅度降低基础设施和公共服务成本，形成产业链和配套体系，提高企业生产经营效率。2009 年以来，河南各县均谋划了产业集聚区，尽管发展过程中存在着一些问题，但引导制造业集聚发展的思路是对的，当前河南针对产业集聚区高质量发展，提出"二次创业"战略部署，借此战略机遇，县域应谋划区中园，推动主导产业链集中布局、链式发展，延伸拉长产业链条，打造一批具有较强竞争力的特色制造业集群。

（四）轻量化智能提升

伴随着信息基础设施的完善和信息技术的提高，智能化改造成为制造业转型升级的重要支撑，但对大多数县域制造业企业来说，以智能工厂、整体解决方案为主的智能化改造方式不一定合适，因为县域制造业企业一般来说工艺流程和管理基础薄弱，工人素质也不适应投资大、风险高、智能化改造。近年来，沿海地区逐渐探索了一些轻量化、易部署、低成本的行业级智能化改造方案，尤其是阿里云、三一跟云、海尔 COSMO 以及各类工业云平台、工业互联网平台、智能化服务商，都推出了一些成熟行业模型，针对性强，改造门槛低。县域制造业企业要积极对接智能化服务商和平台商，利用现有成熟行业模型和轻量化解决方案，针对降成本、降能耗、提效率等核心环节，对企业进行智能化提升。同时，抓住疫情冲击下在线经济发展机遇，积极对接消费互联网平台，拓展在线市场，利用在线数据加快新品开发，倒逼智能化改造。

三、河南县域制造业高质量发展的对策建议

面对高质量发展新要求，县域制造业发展更要突出优势和特色，在全省一盘棋与区域大合作中对产业定位进行再梳理、再提升、再聚焦，将本地经济发展特点与高质量发展要求有机融合，厘清发展优势，找准发展方向，着力探索县域制造业高质量发展的特色途径。

（一）梳理聚焦主导产业

引导县域聚焦优势延伸拓展特色产业链，增强产业链根植性，探索实施产业链链长制，实现县域制造业差异化特色化发展。一是强化功能定位与产业定位衔接。全省要坚持城市经济与县域经济一同谋划，跳出县域谋划县域，站位省域市域，对接周边明确县域功能定位，破解产业定位不清楚、不准确问题，厘清自身的区位、资源、产业等优势，依托优势厘清产业定位，培育壮大特色主导产业。二是强化比较优势与特色产业对接。在"特色"上更下功夫，聚焦比较优势发展产业、谋划项目、招商引资，变区位、资源、要素优势为竞争优势，不能什么项目都引进，应围绕特色产业延链补链，以培育特色品牌提升产业附加值，以产业链集聚提升综合竞争优势，形成比较优势与特色产业相互强化的发展格局，提升特色产业链整体竞争力，以特色产业带动县域经济整体发展。三是强化特色产业与人力资源匹配。河南县域人口多，特色产业要与人力资源结构相匹配，推动传统产业改造升级，鼓励企业把劳动密集型环节下沉，吸纳农村富余劳动力，引导本地传统农业、工业、服务业等依托互联网创新发展模式，提高品牌影响力和市场竞争力，提高产业就业吸纳力，带动更多

的劳动力进入产业链实现脱贫致富。

（二）培育壮大龙头企业

龙头骨干企业是吸纳就业的主渠道、地方税收的主来源、区域产业的主支撑、县域经济的主引擎、强县富民的主动力，江浙地区的经济强县拥有百亿级甚至千亿级企业。实施县域高质量发展"头雁引领"行动，围绕特色优势产业引进培育龙头企业，带动相关产业链竞争力提升。一是支持优势企业做强做优。引导本地优势企业突破区域限制整合全球全国全省资源，支持企业在域外设立研发中心、营销中心、生产基地等，撬动域外资源为县域经济转型和产业升级服务；引导各类企业通过接入互联网平台创新发展模式做大做强，培育新品牌新业态新市场；提升引入企业的根植性，支持中小微企业聚焦"专精特新"融入引入企业的产业链，形成"引进一个、带动一批"的聚集效应；加大对县域企业金融支持力度，鼓励省级各类产业基金以及省外基金在县域合作设立特色产业基金；加大企业技术改造支持力度，引导传统企业通过智能化、绿色化改造做强做优。二是培育优秀企业家。实施县域企业家专项培训工程，分批组织企业家到沿海企业参观考察，与北上广等地知名高校联合举办企业家培训班，更新企业家知识和能力结构，支持企业家攻读国内外 MBA/EMBA 课程；培育壮大新生代企业家群体，深刻认识县域经济转型攻坚期与民营企业交接班高峰期重合的意义，引导新生代、"企二代"企业家成长，打造一支勇于创新、视野开阔的新生代企业家队伍，引领区域产业升级和县域制造业高质量发展。

（三）打造优势产业集群

突出产城融合，顺应产业集群化发展态势，推动县域产业园区由"企业堆积"向"产业集群"转变、由资源依赖向科技创新转变、由数量规模向质量效益转变，优化县域制造业发展载体，提高对中高端产业的承载力和吸引力。一是实施县域产业集群提升行动。产业集群是县域经济高质量的重要平台和载体，要坚定产业集聚发展的理念，河南县域产业集聚区发展已经具有一定基础，正处在转型升级的关键阶段，需要对产业集聚区进行再谋划，对主导产业和主攻方向进行再聚焦，对基础设施和公共服务进行再提升，构建大中小企业密切配合、上中下游分工协作的产业生态体系。引导龙头企业采用"两端集中、中间下沉"模式，把管理中心、接单中心、品牌运营中心、营销中心、培训中心、物流中心等布局在产业集聚区和特色商业区，把种养殖和初级加工环节布局在乡村工厂，优化县域产业链空间布局，推动产业集聚区迈入高质量发展新阶段。二是创新"园中园"发展模式。实施"一区多园"战略，引导本地特色产业链环节集群发展，积极承接省外、郑州及中心城市"飞地经济"落地，支持龙头企业牵头联合打造专业园区。三是实施集群品牌培育工程。依托优势产业培育集群品牌，打造一批民权制冷、长垣起重、巩义铝精深加工等集群品牌，提升在全国全省的影响力，吸引相关产业链价值链供应链集聚。四是创新考评机制。突出分类考核，完善差异化考核机制，减少无谓观摩活动，淡化投资、产出等规模排名，引导地方政府、企业把精力真正放在优化服务和创新创业上。

（四）集聚连接外部要素

实施县域经济开放与创新双驱动战略，引导县域依托优势积极对接"五区""四路"战略平台，实现更高水平开放和更高层次创新，为县域制造业高质量发展提供新动力。一是打造产业开放平台。抢抓新一轮区域产业转移战略机遇，拓展高水平开放通道。支持县域立足自身区位、产业优势创办开放合作平台，如长垣的国际起重装备博览交易会、民权的制冷装备博览会等，培育一批在全球全国具有一定影响力的特色名片；主动对接域外开放平台，支持企业参加国际行业展会以及国内知名展会，如德国的汉诺威工博会、上海的工博会、深圳的高博会、重庆的智博会等，以及省内郑州、洛阳等城市举办的各类展会，聚焦优势产业、优势资源扩大"朋友圈"。二是打造创新平台。围绕优势产业、龙头企业打造创新平台，支持企业与域外高等院校、科研机构等联合在县域设立产学研合作机构、博士生实践基地、中试基地及新型研发机构等；引导有实力的龙头企业在郑州、沿海地区以及国外设立域外创新中心，尤其是郑州应发挥创新资源集聚连接作用，培育创新集聚区，引导县域制造业企业在郑州设立研发中心。三是加强招才引智。坚持招商引资与招才引智并重，依托龙头企业和创新平台引进科技人才、管理人才以及农业实用人才，更加重视柔性引才，依托在外设立研发中心集聚高端人才。四是发展壮大回归经济，吸引豫籍企业家、技术骨干、高管、大学生以及务工人员返乡创新创业，培育县域新的产业增长点。

（五）优化提升发展环境

坚持硬环境与软环境并重、建设与管理并重，对标国家营商环境评价指标体系，对标全国百强县，聚焦企业和群众需求，聚焦城乡面貌高颜值、政务服务高效能、生态环境高品质，优化县域发展环境，提升县域对高层次产业和高级生产要素的吸引力和承载力，支撑制造业高质量发展。一是提升县域基础能力。突出"百城建设"提质工程与乡村振兴战略主抓手，瞄准县域经济发展的"短板"和瓶颈，着眼于互联互通，重点在交通、农田水利、城镇、信息、生态环保、园区等基础设施以及教育、医疗、文化等公共服务谋划一批项目，提高县域基础设施和公共服务的支撑能力，加快推动县域基础设施和公共服务数字化改造升级，提升城乡精细化管理水平，吸引人才回归。二是提升县域营商环境。持续深化"放管服"改革，尽快开展县域营商环境评价，依托"互联网＋服务"，加快推进"一网通办""一码通"，持续完善"多证合一、多规合一、多评合一"机制以及多图联审、多审并联、容缺办理等配套措施，推动服务体系平台化智能化，依托大数据、云计算等技术加快服务方式、方法、手段迭代创新，精准激活微观主体，提升县域发展活力动力。

参考文献

［1］王宏科，樊新生，孟德友．河南县域经济格局及其产业机理［J］．郑州航空工业管理学院学报，2014（6）．

［2］县域经济：站在新的发展起点上［N］．河南日报，2020 － 04 － 27．

［3］河南县域经济"换挡提质"：全省县域经济高质量发展工作会议扫描［N］．河南日报，2020 － 04 － 30．

产业新城：都市圈建设背景下县域城镇化路径探索

易雪琴①

摘要： 产业新城在推动城镇化与工业化协同发展、协调土地城镇化与人口城镇化、优化城镇体系和城镇空间格局、破解城乡二元结构矛盾等方面发挥着重要作用。产业新城在推动县域城镇化发展的过程中，多以前瞻性规划为指引，以全流程服务助推产业优化升级，以高标准建设增强城市综合承载力，以专业化运营提高公众获得感，以开放式合作实现多元主体的共赢，但同时面临产业发展与城市发展不同步、新旧产业接续替代不协调、新城区与旧城区和中心城市的互动低效率、体制机制等方面的制约。未来，有必要紧扣发展战略，通过整合创新资源、发挥联动效应、强化城市功能和创新体制机制，在规划布局、产业体系、协同发展、反磁力机制构建和要素保障等方面着力，从而带动城镇化加速发展。

关键词： 产业新城；县级城市；城镇化；都市圈

随着我国新型城镇化的加速推进，产城融合不紧密、产业集聚与人口集聚不同步、城镇化滞后于工业化等突出问题不断显现出来。如何推动实现发展速度与质量的同步提升，成为当前新型城镇化发展的当务之急。产业新城大多围

---

① 易雪琴，河南省社会科学院城市与环境研究所助理研究员，主要研究方向为区域与城市经济。

绕城市群或者都市区（圈）核心区域的县级城市进行战略布局，能够较好地接受核心城市的辐射带动，承接核心城市的产业转移和功能疏解，进而推动中心城市及周边地区特别是都市圈内县域城镇化可持续发展，是一种协调城镇发展与产业支撑、就业转移和人口集聚的区域经济开发模式。进入 21 世纪以来，产业新城逐步在以北京、上海、广州、苏州、杭州、南京、沈阳、武汉、郑州、成都、西安等城市为核心的都市圈（都市区）内布局建设，如北京亦庄新城、固安产业新城、上海张江科技园、苏州工业园、嘉善产业新城、沈水产业新城等。这些产业新城从规划设计、产业发展、城市建设运营以及合作模式等方面进行了积极的实践探索，在推动都市圈内县级城市调整产业结构、提升城市综合承载能力、优化空间布局等多个方面发挥重要作用。

一、产业新城推动城镇化发展的作用机理

（一）推动城镇化与工业化协同发展

世界各国现代化发展规律表明，工业化为城镇化提供发展的根本动力，城镇化为工业化提供发展的载体平台和要素支撑，两者存在明显的正向变动关系，是相互促进、互为因果的。如果两者不能协同发展，就容易导致出现"有产无城"的工业园区或者"有城无产"的"空城、睡城、鬼城"，进而影响一个地方健康可持续发展。产业新城秉承"产城融合"的开发理念，超越单纯意义上的产业园区或城市新区，着力于破解工业化与城镇化不协调的发展困境，高度重视现代产业发展与城市建设的内在联系，通过培育现代产业体系和产业集群推动非农产业和非农就业迅速发展，通过高品质的城市基础设施和公共服务体系为产业发展和人的发展提供良好环境，实现产业发展与城市扩张在空间、功能上的衔接和融合。可以说，产业新城为产业与城市融合提供了良好发展平台，为二者双向互动与协调发展提供了有效途径。

（二）协调土地城镇化与人口城镇化

以往的城镇化过多地关注城市规模的扩大和空间的扩张，忽视了农业人口的有序转移，是一种不可持续的城镇化发展模式。新型城镇化是以人为核心的城镇化，其目的是引导人口流动的合理预期并实现产、城、人的良性互动，这是提高城镇化质量的关键所在。产业新城建设立足于满足人在生产、生活和生态等各方面的需求，建设具备完善的经济社会功能的城镇，不断保持和提升产业发展活力，提供高质量、多元化和充裕的就业机会，并在生态环境、生活品质和配套设施等方面满足居民需求，推动城市文明不断延续。先进的产业体系、充足的就业机会、完善的基础设施、优质的公共服务以及良好的生态环境，大多成为产业新城的"标配"，其有效克服了土地城镇化依靠卖地建房来推动的弊端，立足于人的发展和土地的节约集约利用，在城市空间合理扩张、产业不断发展的同时吸引人口不断向新城集聚，推动农业人口有序转移，是一种以人为核心的城镇化模式。

（三）优化城镇体系和城镇空间格局

党的十九大明确提出要"以城市群为主体构建大中小城市和小城镇协调发展的城镇格局"。在战略布局方面，产业新城大多聚焦于都市区（都市圈）、城市核心区30千米、50千米辐射地带，快速交通的衔接地带及有一定发展基础且发展潜力巨大的县级城市进行布局和开发，能够依托其独特的地缘优势，积极承接大都市的产业转移和功能外溢，一方面能够有效解决大都市在规模扩张中爆发的如交通拥堵、就业压力、公共资源紧缺、房价飞涨、环境承载力不足等"城市病"问题和产业转型升级问题，另一方面能够提升周边中小城镇的服务、集散、创新、枢纽等方面的功能，从而在较短时间内为中小城镇集聚产业和人气。产业新城的开发建设，在一定程度上推动了大城市的健康可持续发展和中小城市的快速发展，对于优化城镇空间格局、加快形成科学合理的城镇体系而言意义重大。

（四）缓解城乡二元结构的突出矛盾

农村的发展离不开城市的辐射和带动，城市的发展也不能缺乏农村的促进和支撑。但长期以来，在城乡分割的发展模式下我国形成了城乡分割的二元经济社会结构，城乡之间在经济、社会、文化等各方面的差距不断扩大，城乡失衡、两极分化成为当前最大的社会结构性矛盾之一，破解城乡二元结构矛盾与困境已迫在眉睫。中小城市尤其是县级城市一端连着大城市，一端连着乡村，是破解城乡二元结构的矛盾、解决城乡融合发展的困境的重要阵地。产业新城主要以中小城市为空间载体，通过科学合理的规划和建设，将原本破败的农村打造成现代化城市；通过引进和集聚先进的现代化产业体系实现一二三产业融合发展；通过充足的就业、完善的城市功能配套吸引人口集聚和推动农业人口实现就近城镇化，进而实现城市社会文明的延伸和农村社会文明的复兴。产业新城在城乡之间搭建了沟通互动的纽带，能够有效推动城乡融合、一体化发展。

二、产业新城推动县域城镇化的实践逻辑

（一）以前瞻性规划指引城镇科学发展

产业新城大多紧扣区域发展战略，主要围绕城市群的核心区域进行布局和开发。在开发建设时摒弃了传统的工业园区的发展模式，大多依托国内外顶尖的智库力量对区域进行全方位规划，规划立足于全球化视野、前瞻性理念和国际化标准，结合区域的发展基础、发展优势、资源要素等方面发展实际，坚持产业、城市和民生规划相统一，为每个产业新城设计清晰的发展定位，并从产业发展、城市框架、基础设施、公共服务等方面为产业新城搭建科学合理、可持续发展框架，为其打造城市生产、生活、生态等全方位的发展规划，指引新

城未来一个时期的科学发展。

（二）以全流程服务助推产业优化升级

产业新城从规划、招商、资源匹配、载体建设到服务运营等各个环节着手，破解产业优化升级过程中招商、技术、人才、资金、平台等各方面难题，构建全链条、全流程、立体式的产业服务体系。聚焦科技含量高、示范带动强又符合地区实际的先进产业，构建招商引资的对接机制和全球化的招商网络，有针对性地、高效率地开展产业招商尤其是针对龙头企业进行重点招商。同时，产业新城为企业在全球范围内匹配人才、资金、技术等要素资源，并与国内外高校和科研机构建立战略联盟，在园区搭建科研平台、产业载体平台、产业基金平台和创新创业孵化器，构建全价值链、多层次的产业投资体系，为各类企业提供全生命周期的服务，进而为新城经济社会发展提供原动力。

（三）以高标准建设增强城市综合承载力

产业新城坚持"以人为本"的理念，构建规划、建设、管理、运营四位一体的城市发展体系，坚持交通先行，按照高等级道路标准建设城市主干道，推动主干道与高铁站点、高速公路以及新城与中心城市之间的交通系统实现无缝对接，构建城市的公交系统、绿道系统和主干道相联的内部城市交通网络，为企业和市民打造内捷外畅的交通体系。将新型城市建设的理念融入厂房、仓储等企业配套设施以及供排水、供气、供电、通信管网等城市基础设施和公共服务设施建设当中，依据城市功能分区合理布局建设场站、住房、金融、学校、医院、城市商业综合体等公共配套项目和富有魅力的多元绿色生态空间，推动城市建筑、城市景观、基础设施等在建设风格上的和谐统一，推动产业新城成为"产城共融、生态宜居、充满活力"的新兴城市。

（四）以专业化运营提升城乡居民获得感

城市的健康运行离不开高水平的城市运营。产业新城注重引入专业化的城市运营商企业，聚焦产业发展和市民生活质量，对城市进行科学化、全方位的管理和维护，不断提升城市运营水平。以华夏幸福运营的产业新城为例，华夏幸福构建了"3＋X"的专业化城市运营服务体系，同时制定了"6有1配合"的民生保障方案，推动产业新城在民生领域实现"有人员资金保障、有社会组织联动、有就业促进帮扶、有长效收入机制、有慈善基金资助、有丰富社群活动"，配合政府实施医保全覆盖和养老全龄化计划。多元化、专业化和高端化的公共服务使群众能够就近就业、就近入学、就近就医进而实现就近城镇化，城乡居民的幸福感和获得感明显提升。

（五）以开放式合作实现多元主体共赢

产业新城在开发建设过程中，注重在政府与企业、运营商、市民之间构建开放式的合作机制。具体来说，政府在城市规划、产业引进、土地利用等重大事项方面有决策主导权，并对运营商在城市建设、公共服务及城市运营方面有监督权，运营商为整个区域提供规划设计、产业培育、土地整理、城市建设、城市运营等方面的服务，市民通过各种各样的形式参与到城市的建设和管理中。政府在实现绩效、财政收入增加的同时减轻了政府负担和债务风险，企业获得了全流程、保姆式服务，有效保障了健康发展，市民获得了充足的就业机会、高品质的居住环境和生活质量，运营商也通过合理回报实现盈利。

三、产业新城推动县域城镇化的制约因素

（一）"产"与"城"的同步发展水平不高

产业和城市的双轮驱动发展是产业新城的核心要求。然而，我国大多数产业新城还处于开发建设的初期阶段，一定程度上导致产业新城变成了工业园区与地产项目的拼合体。一方面，为了缩短投资回收周期，产业新城运营商一般会优先招商建设住宅和工业设施，而忽视了公共服务设施、商业服务设施和市

政设施这些投资回收小、周期长的项目。随着入驻企业和就业人口总量及结构的升级，城市建设尤其是商业、公共服务及居住等配套设施建设的滞后，导致职住分离现象严重。另一方面，有些运营商对产业新城的定位不准确，甚至以产业新城的名义开展产业地产营销，或者不注重企业间的产业互动而盲目引入企业，产业带动能力较弱，导致产业新城变成新的"睡城、卧城、鬼城"。

（二）新兴产业与传统产业的衔接力度不够

产业新城产业的合理选择既能够把握现代产业发展规律和趋势，又不能脱离其所在母城发展实际，能够带动原有产业转型升级，通过新旧产业的有序衔接以实现整个区域内产业的迭代升级，否则容易导致区域的产业支撑模糊化。在实践中，产业新城在引进产业时能够很好地契合国际国内产业发展规律，高度关注如高端装备、电子信息、生物医药、航空航天等高新技术产业体系的引进和培育，但没有建立起与原有县域产业的互动协作机制，针对传统产业转型升级方面缺乏明显的带动作用。新旧产业的融合度不高、带动作用较弱，地方特色契合做得不够明显，容易造成新的主导产业不能很好地支撑县域发展，同时，传统产业的转型升级陷入僵局。新旧产业的接续断档、产业结构的失衡和要素资源利用的低效率，导致县域发展的产业支撑力不足进而影响其可持续发展。

（三）产业新城反磁力机能的形成较为缓慢

大多数产业新城都围绕中心城市和城市核心区进行布局建设，这些新城的发展对各个区域的发展基础特别是中心城市的发展基础依赖性较为明显。当大都市区（圈）的中心城市（如北京）其产业及城市功能开始主动向外转移时，产业新城能够较好地承接其辐射带动进而快速发展起来。然而，当前仍有不少大都市区（圈）的中心城市（如郑州）在内部还没有得到充分发展，也正在加速扩张，其对周边区域的人才、资源等还是处于虹吸效应阶段，承接来自中心城市的辐射带动还存在一定困难。同时，在一些大都市区（圈）周边可能还布局建设了多个产业新城，如果不能构建起错位发展的机制，容易造成这些在县域建设的新城在承接中心城市辐射带动时陷入同质化竞争的困境。总之，如何加快形成自身的反磁力机能进而降低地域中心城市的虹吸效应，是关系到产业新城能否快速发展的关键所在，也是能否提高县域城镇化质量进而形成合理的城镇体系和空间格局的关键所在。

（四）新城开发与旧城提质的统筹存在困难

长期以来，我国的城镇化战略倾向于加快推动大城市发展，县级城市、小城镇和乡村在政策资源方面缺乏优势，导致其无论在产业方面还是基础设施、公共服务方面历史欠账较多，发展滞后，因而推动老城区提质升级也是城镇化的重点任务。产业新城强调独立于主城区之外建立新的反磁力增长区。现阶段无论是产业新城还是老城区，都受到中心城市虹吸效应的影响，同时老城区还受到产业新城的反磁力机制的影响，无疑是给主城区尤其是老城区的提质升级"雪上加霜"，甚至可能加速县域老城区的"凋敝"。如果不能统筹新城开发与旧城提质，容易导致新城的兴起和旧城的衰落，使县域发展陷入"按下葫芦浮起瓢"的困境。另外，新城开发如何与主城区在城市文化、城市特色方面保持协调一致，也是产业新城在发展中需要统筹考虑的因素。

（五）体制机制匹配新城发展需求相对滞后

当前，产业新城运营商注重资本层面的操作，并通过其他服务和地产业务来加速资金回笼，但受到金融体制机制改革及地方政策变动（如房地产限购政策）的影响，这种方式也存在一定不确定性。在土地制度方面，产业新城的开发建设必然涉及农村土地的开发利用问题，由于当前土地制度改革力度不够，土地流转不够规范，农民的土地权益保障不到位，在牵涉到新城开发建设用地时，无论政策层面还是农民意愿层面都存在重重阻力。在合作机制方面，当前仍有不少地方政府在发展理念上没有摆脱地域的局限和"高投入、快产出"的显性政绩诱惑，超长的合作期限容易出现"新官不理旧账"的政策变动风险，加之相关行业法律法规的限制，由企业社会资本完成一揽子项目建设在操作层面仍存在一定障碍。

四、产业新城推动县域城镇化的若干建议

（一）紧扣发展战略，科学规划和布局产业新城

牢牢把握国家区域发展战略带来的开放红利、政策红利和载体红利，紧密对接区域发展规划、国家主体功能区规划以及创新驱动发展等方面发展战略，同时结合县域发展基础、发展优势和发展特色，持续优化产业新城的谋篇布局，准确定位产业新城的未来发展方向，制定各具特色的发展思路，推动实现技术、产业、人口、信息等资源和要素不断向产业新城集聚。同时，注重政府资源与社会资本的有机结合，积极邀请国内外优秀智库资源和社会公众广泛参与，对产业新城进行全方位、系统性、综合性的规划，加强产业发展规划、城市发展规划及土地利用规划等多个规划之间的有效衔接，努力寻求区域综合发展的最新模式和最佳路径，以科学合理的规划引领产业新城发展，进而加速推动县域城镇化。

（二）整合创新资源，构建可持续现代产业体系

实施县域传统产业转型和新兴产业培育双轮驱动，逐步构建先进的、可持续的县域现代产业体系。一方面，积极引进新技术、新设备、新工艺，加快对现有传统产业改造升级，推动现有企业技术创新和管理创新。同时，站在全产业链视角，对县域内仍有发展潜力的传统产业的上下游产业进行招商，开展有针对性的二次产业招商和产业集聚区二次创业，推进工业闲置资产合理流转，逐步构建全产业链生态和产业集群，实现县域新旧产业的有序接续替代和产业可持续发展。另一方面，聚焦电子信息、高端装备、新能源汽车等战略性新兴重点产业和其他新技术、新业态、新模式，加快引入和培育发展战略性新兴产业，积极与科研院所建立科技创新战略联盟，打造创新创业孵化器和科研转化平台，增强产业新城的自我创新能力和持久创新驱动力。同时，加强新兴产业

的园区配套建设和政策扶持力度，发挥龙头骨干企业的示范作用及其带来的"雁阵效应"，为新兴产业的入驻提供高效、便利和全方位的服务，为产业顺利入驻投产提供有力保障。

（三）发挥联动效应，推动新城与老城协同发展

产业新城在发展过程中，要注重统筹县域新城与主城区发展，构建共建共享共赢的机制，发挥联动效应，进而带动全域的协调发展。具体而言，产业新城在区域规划上要与整个县级城市发展规划相衔接，在新城的城市建筑特色塑造、城市风格、城市天际线等方面的规划设计要与整个城市其他区域保持和谐统一。在城市建设方面，产业新城的道路网络、生态廊道、综合管廊、交通等公共设施要融入老城区现有的交通及其他基础设施和公共服务设施网络。同时，构建产业新城与老城区公共服务体系一体化机制，推动新城与老城实现优质公共资源的共建共享。要发挥产业新城运营商的专业能力，在城市更新、产业升级、城市功能品质提升等方面着手，积极为老城区的提质改造提供专业性服务，确保老城区与产业新城实现同步发展。

（四）强化城市功能，构建强有力的反磁力机制

产业新城在城市建设和运营过程中要依据不同的城市发展定位，从各方面不断强化城市功能，通过错位发展，逐步构建自身的反磁力机制。要将生态城市、海绵城市、智慧城市、韧性城市等新型城市理念导入新城建设中，通过高效便捷的交通网络建设、高水平的基础设施和公共服务设施建设、高端化的住宅和生态宜居的城市环境建设，逐步打造出高品质的城市"底板"，不断增强产业新城的综合承载力和吸引力。要加强建设商业、公共交通、通信、教育、医疗、文娱等多种主要公共服务和高端生活性服务业，不断提升公共服务水平，同时加强产业新城与中心城市的对接，推动公共服务的均等化、同城化、一体化发展，不断缩小新城与中心城市的空间差距。要立足于疏解中心城市的非核心功能和帮助破解中心城市的"大城市病"问题，建设针对性、特色性的功能服务区，实现中心城市的产业转移和城市功能转移。

（五）创新体制机制，为新城建设提供要素保障

创新投融资模式，拓宽项目融资渠道，发挥产业基金的撬动作用，将新城PPP项目与资产证券化模式相结合，通过多种途径解决资金问题，为新城项目建设提供资金保障。要坚持集约节约利用土地的原则，围绕城市产业结构调整、功能提升和人居环境改善，合理确定城镇低效用地再开发范围，实行严格的土地审批制度，探索创新城乡建设用地流转的体制机制，不断提高对土地的整理、开发、利用效率和效益。要加大招才引智力度，通过各种优惠政策吸引产业工人、技术人才和新市民在新城安家落户。同时，建立人才服务中心和人才配套服务机制，解决如购房、配偶工作、子女入学等方面的实际困难，搭建好人才创新创业的载体平台，为产业新城的发展提供人才支撑。要坚持合作共赢的理念，处理好政府与市场、社会的关系，加大产业新城项目运营的法治化力度，以正式制度和上位规划等方式保障产业新城运营商的权益，确保"一张蓝图绘到底"，有效避免"新官不理旧账"的政治风险。

参考文献

［1］蓝庆新，彭一然.论"工业化、信息化、城镇化、农业现代化"的关联机制和发展策略［J］.理论学刊，2013（5）：35－39.

［2］李英洲.产业新城：西部地区城镇化发展新路径［J］.重庆行政（公共论坛），2014，15（4）：28－30.

［3］成立，魏凌.新时代我国新型城镇化发展的新态势［J］.中国房地产，2019（19）：16－18.

［4］王建国等.统筹推进新型城镇化与乡村振兴协调发展［N］.河南日报，2018－06－30（007）.

［5］刘勇.产业新城：县域经济转型发展的新探索［J］.区域经济评论，2014（6）：118－123.

［6］何鹏.嘉定新城：规划导引最佳城市实践区［J］.城乡建设，2013（6）：30－31.

加快河南县域经济融合发展步伐

金 东①

摘要：融合发展是降低交易成本、提高经济发展质量和效益的有效途径。在县域层面灵活运动"融合思维"，有助于解决河南县域经济面临的体量不大、活力不足、结构不优等问题，为新时代生动践行新发展理念、加快推动县域经济高质量发展注入强劲动力。要着力推进产业融合，积极探索县域创新发展新路径；着力推进产城融合，形成县域经济协调发展新格局；着力推进"三生"融合，统筹县域生态环境保护和经济社会发展；着力推进区域融合，提升县域开放型经济发展水平；着力推进城乡融合，让广大人民群众共享发展成果。

关键词：融合；县域经济；发展理念

马克思说："两个矛盾方面的共存、斗争以及融合成一个新范畴，就是辩证运动的实质。"这一伟大的辩证融合哲学论断已经在自然发展史和人类社会发展史中得到了充分验证。从经济学视角看，由于现实条件下始终存在着交易成本，各类要素资源存在着一系列流动障碍，而促进国民经济各主体、各要素、各环节之间融合互通，则有助于解决各种结构性问题，提高经济发展的质量和效益。推进河南县域经济高质量发展也需要灵活运用"融合思

---

① 金东，河南省社会科学院城市与环境研究所助理研究员。

维"，通过产业之间、产城之间、城乡之间以及县域内外部之间的融合互通，有效降低交易成本、提高经济效率、增强发展能级，让新发展理念在县域结出累累"硕果"。

一、推进产业融合，激发县域创新活力

产业的融合过程本身就是一个创新的过程。不同产业通过技术创新、规制创新、制度创新而相互渗透、相互交叉，导致产业间的边界收缩或消失，使产业间分工逐渐演变为产业内分工，并催生出新的产业发展形态。推动县域经济高质量发展必须要在创新驱动方面对标先进、弥补短板，而促进产业融合发展就是一条重要途径。在河南县域层面推进产业融合，能够促进新知识、新技术、新流程等新兴生产要素与传统资源要素相结合，在技术扩散和资源聚合中为县域经济注入创新的活力、发展的动力。

一是推动一二三产业融合发展。以培育新型农业经营主体为重点，将各类股份合作组织、农业产业化龙头企业、家庭农场、职业农民等打造为一二三产业融合发展的生力军。注重农业科技成果转移转化以及组织形态和运营模式创新，有机融合种植业、农产品加工业和农村服务业，以深入开发和充分展现农业的食品供应、生态休闲、文化传承等多重功能与价值。二是推动制造业与服务业融合发展。以区块链、大数据、5G 技术、工业互联网等前沿技术为支撑，搭建技术服务平台和产业协作平台，在不同产业、不同环节之间形成"数据穿透"，提高服务业对制造业的支撑力和渗透力，促进二者在县域层面深度融合，以摆脱产品和服务的同质化困局，推动实现差异化竞争，改善企业盈利能力，带动县域产业结构转型升级。三是推动文旅融合发展。应深入挖掘县域红色文化、历史遗迹、自然风光、民俗风情等文化旅游资源，在坚持保护第一的前提下，将文化元素与景区景点相嫁接，强化项目带动、科技引领和品牌打造，把文化资源优势转化为产业发展优势。

二、推进产城融合，助力县域协调发展

协调是高质量发展的内在要求，只有增强发展的协调性、整体性才能使县域经济行稳致远。近年来，河南县域工业化、城镇化进程稳步推进，二三产业比重上升幅度、常住人口城镇化率增速均高于全省平均水平，但总体来看，县域产业发展对城镇化的支撑作用还比较弱，县城对县域经济发展的带动作用不强，产城融合不够紧密，产业区和生活区分离的问题依然存在，工业化、城镇化水平有待提升。2019 年，河南县域常住人口城镇化率为 45.4%，低于全省平均水平 7.8 个百分点，全省县域面积占比近九成、常住人口占比超七成，但经济总量占比和规模以上工业增加值占比都在七成以下。新形势下，必须坚持以产兴城、以城促产，通过工业化与城镇化的良性互动助推形成县域经济协调发展新格局。

一方面，围绕产业园区完善城市功能配套。河南县域层面不少产业集聚区和工业园区亩均产出效益不高、产业集群培育不足，亟须深入推进"二次创业"。要提高各类产业园区的吸引力和承载力，必须建设和完善园区路网、供水、供电、供气、供暖、信息通信等基础设施，优化公共服务设施的空间配置，提供均等化的教育、医疗等公共服务，加强金融、商贸、交通、物流等生产生活配套设施建设，提高产业园区与中心城区的通达性和融合度，构建宜居宜业的良好环境。另一方面，围绕县域城镇强化产业发展支撑。着眼于提高县域城镇的经济辐射力和就业吸引力，综合考虑本地要素资源和发展基础，大力发展新兴产业，推进传统优势产业改造升级，支持生产性服务业、生活性服务业向专业化、品质化方向转变，积极培育新产品、新业态、新模式，努力构建能够彰显比较优势的现代化产业体系，特别是在特色小镇建设中要厚植产业发展根基，力避房地产化倾向，切实做到产城融合共生。

三、推进"三生"融合，筑牢县域绿色本底

河南县域面积广袤、人口众多，不少还属于国家重点生态功能区，县域生态环境的好与坏，直接关系到河南整体生态文明建设成效和水平。经过持续努力，河南县域生态环境质量稳中向好，但短板依旧明显，成效仍待巩固。县域面临着经济发展和环境保护的双重任务，在统筹协调两者关系方面还有不少提升空间，经济转型升级不到位，生态环境治理能力和水平不高。高质量发展既需要有含金量也需要有含绿量，要增强践行绿色发展理念的思想自觉，做好生产、生活、生态"三生"融合文章，统筹生态环境保护和经济社会发展，实现生态美、产业兴、百姓富的多重目标。

一是明确县域内的生态保护红线、永久基本农田保护红线和城镇开发边界，科学划定生产、生活、生态空间开发管制界限。生产空间应严格控制开发强度，合理利用水资源和土地资源；生活空间应注重优化提升居住功能，引导人口适度规模集聚，为自然生态系统腾挪更多空间；生态空间应注意围绕节点、廊道、斑块等开展多层次、系统性布局，以提高生态产品供给能力和生态系统服务功能；生产生活、生产生态等叠合型区域，应因势利导开展综合管控，发挥其经济、社会、生态等作用，实现用地效益最大化。二是协同推进生态产业化和产业生态化。引导社会资本参与实施县域生态系统保护修复，按照产业规律推动生态建设，化被动的输血式保护为主动性的资源价值保值增值，生动诠释"绿水青山就是金山银山"的发展理念。鼓励企业实施"三废"循环利用和无害化处理技术应用，加快发展低能耗、低污染、低排放产业，加大静脉产业园建设力度，对县域工业园区实施低碳化、循环化改造。三是加强环境基础设施建设和污染治理。健全完善城乡基础设施建设体制机制，持续提升城乡污水、垃圾收集处理能力，全面实施城乡环境综合整治，坚决打好打赢污染防治攻坚战，有效扩大县域环境容量和生态空

间，营造天蓝、水碧、土净的县域环境。

四、推进区域融合，提高县域开放水平

习近平总书记指出，县域治理"要开动脑筋，打开大门，引进来，走出去，激活各类生产要素"。县域经济不等于一县一域的经济，各自为政、画地为牢的孤岛式发展势必带来无序开发、资源浪费、产业同构、恶性竞争等问题。县域经济要坚持以开放促改革促发展，高水平引进来，大踏步走出去，积极融入周边地区，融入国家战略，融入全球产业链和价值链，在更宽视野、更广范围内找准功能定位、集聚资源要素、拓展市场空间，以突破瓶颈约束和实现可持续发展。

一是强化中心城市带动，主动对接融入都市圈、城市群建设。有效发挥中原城市群、郑州大都市区和洛阳都市圈建设对河南县域经济的牵引辐射作用。各县（市、区）应与中心城市在城乡规划、基础设施、产业布局、生态建设、要素流动等方面进行紧密对接，加快交通基础设施和公共服务一体化进程，积极承接中心城市的资本和产业外溢，协同开展生态保护和环境治理，形成分工合作、功能互补、错位发展的良好局面。二是筑巢引凤，着力优化县域营商环境。好的营商环境就是生产力，就是竞争力。要深入推进行政审批制度改革，在减时间、减环节、减费用上下功夫，以事中事后监管为原则，探索更加科学有效的市场监管模式，切实增强"店小二"意识，及时为企业排忧解难，通过营商环境的持续优化将县域打造为富有吸引力的投资热土。三是借船出海，全面开拓外部市场空间。放大中部地区崛起、黄河流域生态保护和高质量发展两大战略叠加效应，积极融入"一带一路"建设，以各类区域合作平台和对外开放平台为依托，支持企业线上线下开拓市场，促进内贸外贸协同发展，推动特色产品、工程承包、技术和劳务等走出县域，走出国门，走向世界。

五、推进城乡融合，增进县域民生福祉

县域经济高质量发展需要全体县域人民的共同参与，高质量发展的成果也应由全体县域人民共同享有。河南县域农村人口众多，常住人口城镇化率明显低于全省平均水平，县域层面的发展不平衡不充分问题，很大程度上表现为城乡之间不平衡、城乡融合不充分的问题。要在县域范围内高效配置资源要素、激活内生发展动力、实现全域繁荣振兴，就必须重塑新型城乡关系，推进城乡贯通融合发展，使城乡居民有更多幸福感、获得感。事实上，一县之内，城镇与乡村文化相通、地理相邻，人员往来频繁，经济互补性强，应将县域作为推进城乡融合的主体空间单元，持续发力、久久为功。

一是敞开城乡要素双向流动通道。保障进城落户农民在农村的既有权益和在城镇的市民权利，鼓励优秀人才入乡、回乡任职和创业，积极探索农村集体经营性建设用地土地入市的实现方式和推进路径，引导和支持工商资本到农村寻找投资洼地，拓展普惠金融的广度和深度，推动金融资源更多向农村倾斜。二是促进城乡基础设施衔接互补、公共服务普惠共享。统筹规划城乡基础设施建设，特别是要以数字乡村建设为契机，推动"新基建"加速向农村延伸。全面铺开县域医共体建设，推广实施校长教师交流轮岗机制和城乡教育联合体模式，健全城乡公共文化服务体系，完善覆盖城乡的社保体系，使城乡公共服务在资源布局和服务质量方面更加均衡。三是持续缩小城乡居民收入倍差。深化农村产权制度改革，创新农村集体经济运作机制，赋予农民更多的财产性权利。建立健全城乡均等的就业创业服务机制，努力为城镇新增就业人口和农业劳动力转移人口提供更多的就业创业空间。进一步强化产业支撑，巩固来之不易的脱贫成果，有效防止返贫和产生新的贫困人口。

参考文献

[1] 中共中央马克思恩格斯列宁斯大林著作编译局．马克思恩格斯全集

（第 4 卷）［M］．北京：人民出版社，2016：146.

［2］省政府新闻办．河南省新冠肺炎疫情防控专题第五十五场"县域强音"系列新闻发布会［EB/OL］．http：//www. henan. gov. cn/2020/04 - 30/13 52365. html，2020 - 04 - 30/2020 - 06 - 24.

［3］习近平．做焦裕禄式的县委书记［M］．北京：中央文献出版社，2015：53.

中部地区丘陵山区脱贫振兴：
模式创新与实现路径

李　斌[①]

摘要：丘陵山区是中部地区脱贫攻坚与乡村振兴的主战场和最前沿，发挥其区域优势推动脱贫振兴是实施中部崛起战略的重要内容。本文从传统发展理念下产业减贫能力和区域发展定位二重视角出发，分析了中部丘陵山区脱贫振兴面临的发展困境，进而结合河南孟津立足区域特色以沟域经济模式推动脱贫振兴的实践探索，提出了中部丘陵山区以沟域经济模式助力脱贫攻坚与乡村振兴有效衔接的实现路径。

关键词：丘陵山区；脱贫攻坚；乡村振兴；沟域经济

党的十九大报告明确指出，由于新时代以"不平衡不充分"为特征的社会主要矛盾在乡村最为突出，实施乡村振兴战略势在必行。相比平原农区，丘陵山区发展程度更低，社会主要矛盾更为凸显，其乡村振兴面临的情况更复杂，任务更艰巨。我国是多山国家，丘陵山区占国土面积的2/3，覆盖全国54.2%的人口，既是我国重要的生态功能区，也是贫困人口的集中分布区，国务院扶贫办划定的14个集中连片特困区中，95.7%的县（市）分布在丘陵山区。据《中国县域统计年鉴（2018）》相关数据显示，中部六省丘陵山区县

---

① 李斌，河南省社会科学院经济研究所助理研究员。

（市）占县级行政区数的60.8%，覆盖人口达到48.3%，是脱贫攻坚与乡村振兴的主战场，更是支撑中部崛起的战略腹地。长期以来，中部丘陵山区因受自然条件限制，普遍面临"生态好、经济差"的现实困境。在决战脱贫攻坚、决胜全面小康的关键时期，如何立足丘陵山区特色，发挥比较优势，探索绿色资源与乡土文化价值实现机制，化地理短板为发展亮点，变绿水青山为金山银山，突破"绿色贫困"发展桎梏，是中部丘陵山区脱贫振兴进程中亟待破解的现实问题。鉴于此，在中部崛起和乡村振兴背景下，在对中部丘陵山区发展定位进行反思性重构的基础上，立足其脱贫振兴的潜力与挑战，结合典型地区沟域经济助力丘陵山区脱贫振兴的实践探索，提出中部丘陵山区脱贫振兴的实现路径，对于推动中部丘陵山区脱贫攻坚与乡村振兴有效衔接，探索后小康时代丘陵山区全面振兴之路具有重要的理论价值和现实意义。

一、中部丘陵山区脱贫振兴面临的发展困境

在传统的以工业化为导向的发展理念下，区域经济增长的减贫逻辑为：区域立足资金、技术、劳动力等生产要素的比较优势，在特定"技术—经济"范式下实现要素的有效组合，推动区域经济增长并带动区域福利效应提升。在精准扶贫框架下，中部丘陵山区在此减贫逻辑驱动下，绝对贫困现象得以初步解决，目前中部六省332个丘陵山区县（市）中，贫困县已经全部"摘帽"。但是，在后脱贫时代，中部丘陵山区仍面临着较大的返贫风险，其相对贫困问题将长期存在。其原因在于在传统减贫逻辑下，丘陵山区面临着产业减贫能力有限与区域发展定位固化并存的"山区困境"。

从传统发展理念下产业减贫能力看：一方面，虽然中部丘陵山区长期形成的种养殖业、特色林业等传统优势产业在脱贫攻坚过程中可以有效解决贫困群众的绝对贫困问题，但面对相对贫困问题，特别是乡村振兴战略对产业振兴的新要求，传统产业的减贫作用依然有限；另一方面，由于中部丘陵山区工业基

础较为薄弱，资本、技术、人才等高端要素承载平台不足，依托工业化路径解决相对贫困问题仍面临着较大的挑战，也即在传统思路下，中部丘陵山区脱贫振兴面临着传统涉农产业减贫能力有限、新兴涉工产业减贫作用尚待发挥的困境。

从传统发展理念下区域发展定位看，在以工业化、城镇化为主导的区域经济发展过程中，由于城乡二元结构效应，生产要素向城市集聚，中部丘陵山区在区域发展格局中长期被边缘化，表现出"区位交通闭塞、基础设施落后、产业基础薄弱"的特征，其发展呈现出显著的空间异质性和不均衡性，在中部地区发展格局中长期处于绝对贫困"高发区"、返贫风险"敏感区"、脱贫攻坚"主阵地"的地位。以河南为例，受自然条件制约和城乡二元结构的影响，以丘陵山区为主的"三山一滩"区域始终是河南发展最为薄弱的地区。长期以来，由于其在区域发展格局中的定位单一化，中部丘陵山区被贴上"贫穷落后"的标签，导致了发展思路受限、发展空间不足、发展路径依赖、内生动力不强等一系列问题，制约着其脱贫振兴的进程。

二、沟域经济助力中部丘陵山区
脱贫振兴的模式探索

丘陵山区占河南总面积的44.3%，是脱贫攻坚的"主战场"，其脱贫振兴制约在山，潜力在山，优势在山，希望亦在山。孟津县地处邙山腹地、黄河之畔，县域沟多岭多，地形地貌呈现"三山六陵一分川"的典型特征。近年来，孟津抢抓黄河流域生态保护和高质量发展的重大战略机遇，探索出了丘陵山区化"短板"为"亮点，以沟域经济推动脱贫振兴的"孟津模式"，具有典型的样本意义和丰富的创新价值。其做法成效如下：

(一) 立足"五个突出"，明确沟域经济助力乡村振兴总思路

近年来，孟津突出"特色为先、生态为基、规划为纲、民生为本、机制

为根"，形成了以"生态引领、产业基础、农旅融合、产村融合"为特色的沟域经济发展思路，实现了丘陵山区乡村振兴"新理念引领""新动力探索""新模式突破"的有机统一。

1. 突出特色为先，探索沟域经济发展模式

孟津以山区沟域为基本单元，以"一沟一产业、一域一特色"为原则，立足沟域区位资源、产业基础，依托绿色生态、乡土文化资源优势，以"农文旅"融合为导向，以整合资金、土地流转为手段，以特色种养、休闲农业、乡村旅游、创意农业、特色小镇、文创产业等为主要形式，探索了文化创意先导、特色产业主导、龙头景区带动、自然风光旅游、民俗文化展示等多种沟域经济发展模式，形成了以卫家坡古村落、会盟十里银滩等为代表的10余条"内容多元、形式多样、产业融合、特色鲜明"的沟域经济发展带，促进了传统种植向特色产业升级、荒山荒滩向绿色田园升级、贫困山村向旅游小镇升级，实现了"沟区变景区、田园变公园、产品变商品、劳动变运动、农房变客房、资源变资产、资金变股金、农民变股民"的华丽转变，有力地推动了乡村全面振兴。

2. 突出生态为基，促进绿水青山价值实现

近年来，孟津深入践行"两山"理论，发挥生态资源丰富优势，以产业生态化和生态产业化为导向，依托黄河小浪底、会盟同盟山等10条沟域经济带，实施"沟域资源＋"战略，打造了以生态为基，集休闲旅游、生态观光、果品采摘等于一体的"农文旅"产业长廊，让昔日的"荒山荒沟"，变成了"金山银山"，实现了产业生态化与生态产业化的有机统一，践行了"绿水青山"生态优势和"乡土乡愁"文化优势的创造性转化与创新性发展，破解了"山区悖论"，探索了一条丘陵山区立足特色产业，推动生态产品价值实现的新路径。

3. 突出规划为纲，推动沟域经济协同发展

孟津坚持以规划为引领，把产业发展规划、国土空间规划、沟域村庄建设规划与沟域经济发展规划有机结合，清晰定位出沟域经济的发展方向和空间布局，统筹"山水林田路村"和产业发展，全力打造了黄鹿山小浪底休闲度假区、同盟山特色产业带等 10 条沟域经济示范带，实现了县域经济、生态保护、脱贫攻坚、乡村振兴同步规划、同步部署、同步落实。

4. 突出民生为本，实现发展红利共创共享

孟津始终把农民参与和受益作为发展沟域经济的出发点，一方面，充分尊重群众的想法和愿望，在全县范围内凝聚起了发展沟域经济的广泛共识，调动了各方的积极性和创造性；另一方面，通过构建"产业联盟＋专业合作联社＋专业合作社＋农户""政府＋企业＋合作社＋基地＋贫困户"等多种利益联结机制，推动"企业、新型经营主体、村级集体经济、农户"发展红利共创共享，实现了"沟域繁荣、集体增收、群众致富"的良性循环。

5. 突出机制为根，保障沟域经济行稳致远

近年来，孟津以体制机制创新为切入点，一方面，充分调动政府、企业、农户等各方积极性，吸引各类资本以多种形式参与沟域经济整体规划建设和具体项目开发，构建"政府主导、农民主体、市场运作、社会参与"的沟域经济投入机制，激发了沟域经济助力乡村振兴的新动力；另一方面，构建"部门联动、政策集成、资金聚焦、资源整合"的工作机制，建立沟域经济联席会议制度，依托沟域经济示范带建设指挥部，全面推进重点工程实施，并组织定期观摩考评，倒逼工作落实，推动了沟域经济高质量发展。

（二）践行"五个结合"，推动沟域经济与乡村振兴有效衔接

孟津积极实施"沟域经济＋"战略，推动沟域经济与农业产业结构优化升级、培育新型农业经营主体、改善提升乡村人居环境、致富增收决胜脱贫攻坚、黄河流域生态保护治理等乡村振兴关键点有效衔接、联动发展，形成了"农业增效、农民增收、农村增绿、黄河增美"的新局面。

1. 推动沟域经济与农业产业结构优化升级相结合

孟津按照"原生态、有特色、高效益"的原则，在确保全县粮食安全的基础上，结合沟域特殊地貌特征，以土地流转为手段，以村集体经济为载体，大力发展特色高效种养殖业，形成了同盟山"万亩孟津梨、万亩荷塘、万头肉牛"种养结合沟域经济带、凤凰山"特色林果、奶牛养殖、乳品加工、乡

村旅游""农文旅"融合沟域经济带等10条特色产业带，有效推动了县域农业产业结构优化升级。

2. 推动沟域经济与培育新型农业经营主体相结合

孟津始终将培育壮大农村新型经营主体作为激发沟域经济活力的重中之重，近年来全县已培育农业产业化省级重点龙头企业6家、市级64家；国家级示范农民专业合作社6家、省级8家、市级42家；省级示范家庭农场1家、市级9家，其中沟域内各类新型经营主体占比高达90%，成为了发展沟域经济助力乡村振兴的中坚力量。

3. 推动沟域经济与黄河流域生态保护治理相结合

孟津以"大保护、大治理"为核心理念，将黄河流域污染治理修复与沟域经济发展有机结合，以"截污治污，改善水质"为导向，大力实施治水兴水行动。目前，县域内黄河流域规模化养殖场粪污处理利用设施配套率达90%以上，畜禽粪便综合利用率达到75%以上，形成了"清水东流、绿为底色、山水相依、人水和谐"的沿黄生态新格局，有效提升了沟域生态承载能力。

4. 推动沟域经济与改善提升乡村人居环境相结合

孟津将改善乡村人居环境作为夯实沟域经济靓丽底色的关键，以"村里村外不见垃圾、房前屋后见缝插绿、厕所污水一并治理、清洁家园人人出力"为导向，在全县沟域内累计铺设污水管网3万余米、改厕完成2000余户、拆除"四房"3万余平方米、栽植苗木1万余株，在群众幸福感提升的同时，也让青山绿水、悠悠乡愁带动了沟域整体升值。

5. 推动沟域经济与致富增收决胜脱贫攻坚相结合

发展沟域经济的最终目的是带动农民增收致富。近年来，孟津通过引导沟域经济各类新型经营主体发挥辐射带动作用，通过产业脱贫、务工脱贫等方式，助力脱贫攻坚。截至目前，在沟域经济助推下，同盟山沟域、凤凰山沟域154户贫困户实现年增收1万余元，全部如期顺利"摘帽"。

三、沟域经济助力中部丘陵山区
脱贫振兴的实现路径

孟津立足区域优势，以沟域经济推动脱贫振兴的实践证明，与平原地区相比，作为脱贫攻坚"主战场"、乡村振兴"最前沿"的丘陵山区虽受自然条件限制，但具有独特的绿色资源和乡土文化优势，只要坚持辩证思维，立足自身特色，就能化地理劣势为发展优势，变绿水青山为金山银山，突破"山区悖论"，打赢脱贫攻坚战，走上乡村振兴之路。当前，需以"四个坚持"为着力点，以沟域经济促进中部地区丘陵山区全面振兴。

1. 坚持融合发展，提升减贫能力，促进产业兴旺

充分发挥丘陵山区生态及文化优势，突出"农文旅"融合，聚焦"一沟一域一特色"，将沟域经济打造成为脱贫攻坚与乡村振兴有效衔接的纽带，绿水青山与金山银山高效转化的桥梁，充分发挥沟域经济作为脱贫攻坚与乡村振兴平台载体的作用。一方面，推动乡村特色农产品、文化旅游服务"进城"，促进丘陵山区生态及文化资源价值实现，提升沟域经济减贫能力；另一方面，依托沟域经济形态，承接城市人才、技术、资本等生产要素"下乡"，集聚发展新动能，促进产业兴旺，助力乡村振兴。

2. 坚持创新引领，推动模式创新，集聚发展势能

以"农文旅"融合为主形态的沟域经济，融合了创意经济、体验经济、绿色经济等元素，具有"创新、创意、创造"的内在基因。丘陵山区要立足沟域经济发展特征，充分发挥创新引领作用，在文化创意先导模式、特色产业主导模式、龙头景区带动模式、自然风光旅游模式、民俗文化展示模式等沟域经济形态的基础上，大力发展创意经济，把握"农文旅"融合的需求品质化、休闲化趋势，进一步探索休闲度假、健康养生、网红民宿等沟域经济新形态，提供"望得见山、看得见水、记得住乡愁"的高品质体验，通过营销方式、

服务手段、业态模式的创新，提升沟域经济发展质量，为丘陵山区脱贫攻坚乡村振兴集聚发展新势能。

3. 坚持拓链强链，着力提升产业附加值，增强辐射力

在沟域经济"农文旅"融合的基础上，以一二三产业深度融合发展为导向，推动沟域经济产业多元化发展。一方面，以拓展沟域经济产业链为导向，推动乡村旅游与文化、健康、养老、体育、教育融合发展，加快观光产品向休闲产品转变、门票经济向产业经济转变；另一方面，以强化沟域经济产业链为导向，加快实现乡村文化产业化，运用市场化的手段，做好"文化＋旅游""文化＋市场""文化＋产品"等产业，保持乡村文化的生命力和创新力。同时，突出品牌引领，赋予特色农产品、传统工艺品旅游商品功能，完善旅游综合服务，延长农业产业链、价值链，提高产品增加值，带动农民增收致富。

4. 坚持共建共享，完善利益链接机制，共享发展红利

各类农业经营主体是发展沟域经济的中坚力量，要以沟域经济共建共享为原则，一方面，通过资源观、身份观、集体观的重塑，激活丘陵山区沉睡的资源，激发各类经营主体发展沟域经济的积极性。同时，通过搭建村民创业平台、共享品牌销售网络、完善风险防范机制等措施，提高沟域经济各类经营主体抗风险能力，推动农民与乡村共成长。另一方面，以村级集体经济为依托，积极探索"公司＋合作社（基地）＋农户""租金保底＋股份分红""双向入股分红""保护价收购＋利润返还或二次结算""三三制合作社""政企银""补改股"等多种利益分配方式，建立健全多元利益联结机制，让农民更好分享沟域经济的发展红利，以推动丘陵山区富起来、美起来、强起来。

参考文献

［1］罗锡文．对发展丘陵山区农业机械化的思考［J］．农机科技推广，2011（2）：18－21.

［2］劳怡童．沟域经济存在的问题及解决思路——以洛阳市为例［J］．决策探索，2018（10）：12－13.

［3］陈红文．"沟域经济"：探索山区经济发展新模式［J］．人大建设，2017（11）：44 – 45.

［4］梁聪楠，王宝锦，丁雪萌．文化创意产业视角下沟域经济发展模式创新研究——以北京市为例［J］．经济研究导刊，2015（13）：41 + 44.

以林业开发推动县域经济高质量发展

柏程豫①

摘要： 推动县域经济高质量发展要突出绿色发展，培育壮大绿色经济。林业是绿色经济发展的重要力量，应在保护好森林资源的基础上加快开发县域林业产业。河南林业发展有一定的基础，也存在不少问题，特别是面临着政策、资源供给、技术利用等方面的困难，未来应当按照统筹经济与生态功能、优化林业经济结构、完善林业经济模式、强化生产经营管理的发展方向，通过合理分类经营林业资源、实施政策优惠、强化科技支持、完善林业资源管理制度等措施促进县域林业产业发展。

关键词： 林业；县域经济；绿色发展

为深入贯彻落实习近平总书记关于县域治理"三起来"重要指示精神，河南省委省政府印发了《关于推动县域经济高质量发展的指导意见》（以下简称《意见》）。《意见》提出：要突出绿色发展，让生态屏障强起来，持续拓展绿色空间，培育壮大绿色经济，促进自然生态系统质量的整体改善和生态产品供给能力的全面增强。林业发展是绿色发展的重要支撑力量，一方面，林业开发能推动县域产业结构调整，带动农村经济发展，为县域居民开辟更多就业渠道，是惠民富民的一条重要途径；另一方面，林业生态建设能够有效促进生态

---

① 柏程豫，河南省社会科学院城市与环境研究所副研究员。

环境改善，优化城乡人居环境，增进人民健康福祉。因此，如何在保护好森林资源的基础上加快开发县域林业产业，实现生态、经济双赢，是推动县域经济高质量发展的一项重要议题。

一、河南林业发展的基本概况

河南地处我国第二阶梯向第三阶梯转换的过渡地带，从气候条件看属于暖温带—亚热带、湿润—半湿润的季风气候。省域范围内地形地貌复杂多样，从而孕育出了丰富多样的林木物种资源。据第八次全国森林资源清查结果显示，河南全省林地总面积为 504.98 万公顷，其中，森林面积为 359.07 万公顷，森林覆盖率为 21.50%。按林种划分森林，包括防护林、特用林、用材林、薪炭林以及经济林，其面积分别为 162.53 万公顷、19.06 万公顷、125.22 万公顷、1.29 万公顷和 50.97 万公顷。河南森林资源的分布很不均衡，一半以上的林业用地、森林面积以及森林蓄积都分布在伏牛山脉地区。按照河南省森林生态规划，河南省域被划分为若干生态功能区，其中主要片区的林业现状如表 1 所示。

表 1 河南省主要生态功能片区林业现状

	林地面积（万亩）	森林面积（万亩）	森林覆盖率（%）	省级以上自然保护区		省级以上森林公园		省级以上湿地公园	
				数量（个）	面积（万亩）	数量（个）	面积（万亩）	数量（个）	面积（万亩）
郑州大都市生态区	533.12	363.88	15.27	2	78	22	87.03	3	6.2
平原生态涵养区	1410.2	929.59	9.19	4	50.1	20	41.11	21	51.25
太行山地生态屏障	723.17	355.17	21.48	2	97.9	18	56.43	4	3.19
伏牛山地生态屏障	4488.44	3315.3	43.71	10	385.62	31	176.83	7	56.77
桐柏—大别山地生态屏障	1341.4	1078.2	32.53	8	151.49	16	86.6	6	8.27

数据来源：河南省人民政府. 河南省人民政府关于印发森林河南生态建设规划（2018—2027 年）的通知［EB/OL］. https：//www. henan. gov. cn/2018/09 – 21/692208. html，2018 – 09 – 21.

林业产业发展取得一定进展，全省的林业年产值在 2017 年达到 1966 亿元，在三次产业领域均有涉及，主要包括林木种苗花卉产业、林下种植养殖业、木材加工、非木质林产品加工、林业旅游休闲康养及其直接带动的其他产业（见表 2）。特别是河南的林木种苗花卉发展较快，总面积已达 277 万亩，其中，种苗 83 万亩，花卉 194 万亩，花卉的种植面积已经高居全国第 3 位。目前全省林业领域，年销售收入超过 10 亿元的林业产业化集群已经发展到 23 个，并培育出了 355 家省级林业产业化重点龙头企业。林业产业发展有效推动了农业结构调整，其带来的经济效益帮助了农民增收，目前全省来自林业的农民纯收入人均提高到了 1021 元。

表 2　2017 年河南省林业产值概况　　　　　　　　　　　单位：亿元

林业年产值	林木种苗花卉	林下种植养殖	木材加工、非木质林产品加工	林业旅游休闲康养	其直接带动的其他产业
1966	218.92	259.67	758.4	198.55	135.14

数据来源：河南省人民政府. 河南省人民政府关于印发森林河南生态建设规划（2018—2027 年）的通知［EB/OL］. https：//www.henan.gov.cn/2018/09 – 21/692208.html，2018 – 09 – 21.

但是，河南林业发展目前也面临着严峻的挑战，特别是近年来随着经济社会的快速发展，河南的工业化、城镇化在推进过程中导致的人地矛盾更为突出，林地生态空间不断受到挤压。严守林业生态红线、保护天然林的任务当前都面临着巨大的压力。此外，在林地管理方面，目前用于林业维护的基础设施建设还比较薄弱，森林防火、森林资源监测、有害生物防治、林业执法等装备手段也较为落后，林业资源管制、营造林管理还未做到精准保护、精准建设，整体仍处于粗放模式。

二、河南省县域林业经济发展面临的困难

（一）政策支持不到位

在绿色发展的框架要求下，林业经济的发展不是一个单纯的经济问题，还需要兼顾经济效益、生态效益、社会效益，确保三者之间协调平衡、和谐相容。这就需要政府给予一定政策方面的支持，只有如此，才能为林业产业的成长创造良好的发展空间，提升林业经济发展质量。然而在实际发展中，各级政府对林业经济的政策支持并不到位。比如最突出的资金问题，林业产业由于自身特性，投资周期比较长，难以满足一般意义上的金融部门贷款担保条件，因此林业企业单纯通过市场操作谋求贷款的难度相当大。而林业企业每年能够获取到的政府支持的林业贴息贷款又远远无法满足林业发展的需要，使林业的建设、生产以及管理等各项工作都无法顺利实施，制约了林业产业的成长。

（二）林业资源供给不充分

从数量上看，河南属于少林的省份，森林资源储备不具优势。根据第八次全国森林资源清查结果，全省森林总面积在全国处于中下游水平，排名仅在第22位，人均森林面积更少，只相当于全国平均水平的1/5；森林覆盖率在全国排到第20位；人均森林蓄积更是只有全国平均水平的1/7。从质量上看，森林整体质量不高。一是幼中龄林面积占比大，在乔木林中占比高达83.01%；二是树种结构较为单一，特别是在平原地区，杨树在乔木林中占据了绝对优势；三是纯林面积过大，混交林少，仅占乔木林面积的21%，与此相对应的，纯林面积占到乔木林面积的79%；四是林地生产力低，乔木林单位面积的森林蓄积量仅为全国平均水平的62.3%。从经济需求看，工业原料林基地面积小，可利用资源少，木材的供应能力严重不足；非木林产品，比如木本油料、

森林食品、林药等，也存在着突出的供需矛盾。从生态需求看，随着居民生活水平的不断提高，城乡居民期盼能有更多机会更好地接近自然、享受自然，休憩、康养等生活需求增加，要求也更高，而与这种期盼相比，森林生态系统能够提供的生态产品和服务则远远不足，无法充分满足人民群众对生态体验的需要。总之，林业资源的供给不足，制约了林业生产潜力的充分发挥。

（三）林业资源开发利用技术落后

林业资源的开发需要先进技术，但就当前河南省的发展情况而言，林业资源开发利用技术尚显著落后于国内外先进水平，林业生产机械化程度也较低，信息化建设滞后，高新实用技术成果在林业发展中的推广应用不足。这导致林业资源的利用方式较少，大多数地区仍按照传统模式发展当地林业经济，林业资源只是进行采伐或是仅仅进行初步加工，还没有创建一套完整的、细致的产业经济流程。再加上经济林的经营管理能力也不足，符合有机、绿色标准的生产体系未能全面建立。因此，林产品中优质品的比例也还比较低，无法提升林业商品的价值，林业资源的利用率也不能得到显著提升，制约了林业循环经济的推进。

三、河南省县域林业经济发展的着力方向

（一）平衡经济与生态功能，实现可持续发展

作为绿色经济的重要组成部分，林业经济的开发方向必须基于现代生态文明这一基本考量。因此，发展县域林业经济，必须高度重视发展质量。全面掌握当地林业的基础现状，做好林业生态保护，确保县域的林业环境不会受到破坏。在此基础上，通过不断完善林业经济系统，提升林业资源的利用效率，实现林业产业的可持续发展。

（二）调整林业经济结构，推动林业全面发展

就第一产业而言，应将市场需求作为导向，以此促进速生丰产林、名优特新经济林以及原料林的建设。就第二产业而言，需利用先进的科学技术，强化各类新产品的开发，延长产业链条，提高对林木原材料的利用率，调整林产品工业产品结构，增加高层次综合精深加工，减少低层次原料加工的占比，增加林木产品附加值。就第三产业而言，应重视对花卉苗木的正确开发，增强对古树名木的保护与管理，大力发展森林生态旅游业，利用森林生态资源，结合区域内的人文景观，开展森林旅游，满足消费者接近自然的需求。需要注意的是，森林旅游要以生态效益为主，避免在开展过程中破坏林业资源。通过这样的方式对林业经济结构予以调整，淘汰落后且能源耗费大的产业，改造升级传统产业，积极开发新兴产业，以此促进产业重组，优化林业产业结构，强化林业产品竞争力。

（三）优化林业经济发展模式，形成内部良好循环

改变传统的林业生产模式，争取从原材料到加工成品这一流程都能够做到循环利用，尽可能减少企业污染与材料浪费。创建林业生态园，促进当地林业资源的流动，吸引那些发展比较快的林业公司入驻生态园区，借助先进的科学技术完成原材料的加工，赋予林业商品更高的价值，最终提升县域林业经济实力。合理利用土地资源，特别是发展林下经济建设，例如在森林中种植药草、菌类或是放养家禽等方式，扩展林业经济的发展模式，实现循环经济。

（四）强化生产经营管理，促进资源利用方式多元化

县域林业经济的发展质量很大程度上会受到林业生产经营管理水平的影响，就目前林业经济管理中存在的问题，需从以下几个方面进行改善：对县域产业结构进行适当调整，赋予其更高的价值，研究出更多的高价值林业产品，提升县域林业经济市场的规模。开发林业及其周边产业，例如可以将林业资源转变成旅游资源，结合地方特色开展林业旅游。努力打造地方林业品牌，赋予

林业公司更强的市场竞争力，从而争取更多的市场份额，扩大产业规模。除此之外，还应该对林业经济建设实施分层管理的发展战略，以内涵式增长模式推动林业发展，为生态林业建设提供稳定、健康的发展环境。

四、河南省县域林业经济发展的促进措施

（一）合理分类经营林业资源

将森林资源划分为公益林和商品林，公益林满足国家生态服务和社会服务的需求，以政府的财政投入支持为主，社会资本投入为辅，对于公益林的管理，政府要对投资者给予一定的补偿，保持公益林的经营方向不变。商品林的经营应适当放宽经营政策，投资者和经营者可以根据市场需求自主经营，商品林的经营要在保护生态环境的基础上充分利用现代科学技术，发挥林业资源的最大效益。

（二）实施政策优惠

林业循环经济的成长需要良好的制度作为支撑，因此政府部门应该加大经济保障力度，为县域林业经济的成长提供政策方面的优惠与充足的资金支持。与此同时，还需要从先进技术方面助力县域林业发展，引进和培养林业经济方面的专业化人才，推进科学技术在林业领域的成果转化。此外，开展生态林业经济建设，需要完善林业投融资体系，借助多个途径完成林业融资，并且在税收政策方面提供优惠，推动县域林业的资金有效周转。

（三）强化科技支持

加大对林业科技研发的支持力度，强化林业科研基础设施建设，积极引进国内外先进的林业科学技术，并加大对新技术的推广力度，加快促进林业科研

成果转化。全方位提升生态林业建设科技水平，开发、运用新技术提高林业种植过程中树苗的存活率与生长率；借助现代科学技术，创建生态监测系统，对林业资源做到实时跟踪检测，高效防治林业病虫害，以显著减少树木的死亡率，提升林业生产效率，为实现县域林业经济的进一步成长提供充足的资源储备；创建并完善森林防火监督体系，以及时发现火灾隐患，第一时间进行清理，确保森林资源安全。

（四）完善林业资源管理制度

强化对生态林业建设的认识，保护林地、湿地，完善森林资源管理及林业工程建设方面的法律法规，加强对林区的执法力度，严禁砍伐林木资源、违法开垦林地等违规行为。尤其是对林业资源砍伐区而言，应该落实砍伐人的责任，并与砍伐区的相关负责人签订管理责任书。对整个林业资源砍伐区进行全面检查，并将林业资源的监管工作全面纳入到监控范围内。在砍伐林业资源之后，应该在自查的基础上将情况上报给当地的林业主管部门进行全面、统一检查验收。同时，做好林业资源树苗的种植工作，以便能够逐步形成梯度的采伐系统。另外，通过采用先进的林业科技来构建林业资源使用模式，让现代林业经济朝着可持续性的方向发展，不断创新林业监督、采育和科技等机制，从而更好地适应现代林业资源砍伐区的发展要求。例如，在种植环节应用科学技术，确保树木的存活率和生长率，或者是加快对新品种的开发，实现林业产品的多样化，以此扩充林业产品市场，确保争取更大的经济效益的同时不损害林业经济可持续发展的基底。

参考文献

［1］河南省林业厅.河南省森林资源现状［EB/OL］.http：//www. hn-ly. gov. cn/sitesources/hnslyt/page_ pc/tslm/zygl/article0c71fd91577c4051ac3e5d7f0eea9079. html, 2015－05－28.

［2］颜伟等.河南省栎类和杨树林分断面积和蓄积生长模型构建［J］.北京林业大学学报, 2019（6）.

［3］河南省人民政府．河南省人民政府关于印发森林河南生态建设规划（2018—2027年）的通知［EB/OL］．https：//www.henan.gov.cn/2018/09－21/692208.html，2018－09－21.

［4］未来所有县（市）建成省级森林城市［N］．大河报，2018－11－14.

［5］赵晓东，杨朝兴．建设多功能高效益的河南森林生态系统对策探讨［J］．林业建设，2019（1）．

［6］潘家华，娄伟，李萌，李恩平．中国生态文明建设年鉴（2017版）［M］．北京：中国社会科学出版社，2018.

［7］朱帅群．生态林业循环经济的有效发展策略［J］．现代园艺，2016(10).

［8］黄新峰，孙红召，王巧玲，冯东阳，郑旭东．河南林业发展面临的困难和机遇［J］．河南林业科技，2017（2）．

［9］叶尚宇．我国林业经济发展存在的问题及对策［J］．江西农业，2018（24）．

［10］王勇．河南林业的产业化隐忧［J］．中国经济周刊，2009（12）．

［11］卓卫华，张文杰．加快河南林业产业发展的几点思考［J］．中国林业产业，2006（7）．

［12］徐云．生态保护背景下林业经济的可持续发展路径［J］．中国林业经济，2018（6）．

［13］高立青．生态林业建设推动林业经济可持续发展探究［J］．农家参谋，2019（14）．

［14］吴长敏．生态林业建设的现状与对策［J］．中国林业经济，2019(1)．

［15］赵桂慎．生态经济学［M］．北京：化学工业出版社，2009.

［16］罗艳玲．河南省生态旅游资源开发潜力评价及可持续发展策略［J］．中国农业资源与区划，2016（9）．

践行"三起来"盘活宅基地发展乡村康养产业[*]

祁雪瑞[①]

摘要: 盘活宅基地发展乡村康养产业是践行"三起来"的重要途径。应通过宅基地使用权流转和继承激活宅基地资产性助益农民增收把强县和富民统一起来;通过把宅基地分为存量和增量分别施策、在乡村振兴中融入发展康养产业理念、打造生态宜居康养环境等举措放活宅基地使用权,兴办康养产业,把改革和发展结合起来;通过给进城农民保留回流时的宅基地资格权、乡村统筹规划与特色展示相结合、宅基地置换养老服务和村集体返祖代营、宅基地转变为集体经营性建设用地入市等举措吸引康养消费者城乡双向流动,把城镇和乡村贯通起来。

关键词: "三起来";宅基地;康养产业

2014 年 3 月,习近平总书记在调研指导兰考县党的群众路线教育实践活动时对县域治理提出"三起来"要求,把强县和富民统一起来,把改革和发展结合起来,把城镇和乡村贯通起来,增强县域经济综合实力,带动提升农村发展水平,形成城乡融合发展的良好局面。六年来,各地勇于实践,开拓进

---

* 本文为河南省社会科学院创新工程项目"积极应对河南老龄化的重点难点及对策研究"阶段性成果 20A36。

① 祁雪瑞,河南省社会科学院研究员,研究方向为行政法、社会法、环境法。

取,特别是 2015 年以来农村土地制度试点改革的成绩,是对"三起来"最好的诠释。继 2015 年承包地"三权分置"试点之后,2018 又开始了宅基地"三权分置"试点,虽然试点时间短,也暴露出一些问题,但表明了大方向的正确性,具体操作制度可以慢慢完善。通过产业发展强县富民是完善造血机制的根本性举措,盘活宅基地纳入乡村规划统筹使用,正可迎合康养消费需求,发展康养产业,在强县富民的同时,积极应对日益严重的城乡老龄化,一举多得。目前,很多地区 60 岁农民的基础养老金每月为几十元,最多一百多元,难以保障养老需求,宅基地使用权资产化有望作为农民养老的重要资金来源,也成为老弱家庭致富的希望。

一、激活宅基地资产性,助益农民增收,把强县和富民统一起来

农村土地资源紧缺与宅基地无序扩张、闲置浪费现象并存。根据中国社会科学院农村发展研究所 2019 年发布的《农村绿皮书:中国经济形势分析与预测》中所提出的数据:2018 年我国农村宅基地闲置率为 10.7%,其中空置率最高的可以达到 71.5%。2018 年中央一号文件和《乡村振兴战略规划(2018—2022 年)》明确要求,"要落实宅基地集体所有权,保障农户宅基地资格权和农民房屋财产权,适度放活宅基地和农民房屋使用权",即要实施宅基地所有权、资格权和使用权"三权分置"。2020 年中央一号文件再次强调要探索宅基地"三权分置",激活沉睡资源。各试点地区以土地制度综合改革为主线,以合作与联合为纽带,有序推进农村资源变资产、资金变股金、农民变股东的变革,增加农户财产性收入。

(一) 宅基地"三权分置"的意义和内涵

"三权分置"的提出,统筹兼顾稳定与放活的关系,既维护农村土地静态

占有关系的稳定性，又顺应民间宅基地动态流转的趋势。围绕"确权、赋权、活权"，各地出台改革实施方案，界定宅基地"三权"内涵、边界及相互关系，制定配套管理办法，稳妥推进试点。明确了集体经济组织是宅基地所有权人，享有处置权、监督权、收益权；明确了宅基地农户资格权，享有合作建房权、宅基地流转权、退出权；适度放活宅基地使用权，发展农村新兴产业。乡村康养产业正属于新兴产业，在宅基地"三权分置"背景下大有可为。

（二）宅基地"三权分置"的实施原则

"三权分置"的主要原则可以概括为三个：一是以人本主义为底线，保证农民基本的生活居住条件，同时，在宅基地流转过程中要秉持自愿、自主、平等的原则，给予农民最大限度的自由和选择。在难以保障一户一宅的情况下，要保障户有所居，统一建设安置房。二是以统筹兼顾为理念，在宅基地市场化的同时，要远离耕地"红线"。在非试点地区，需要合理规避法律限制，同时遵守法律"严禁"。三是以合法合理为标准，目前《物权法》《土地管理法》中对于宅基地的规定都比较零散和抽象，与实践中的热点难点所需要的明晰解决规则有较大距离，而且有些地方规定和国家规定不一致，许多问题还需要完善。应该制定专门的《农村宅基地管理法》，对于宅基地的流转条件、流转方式、流转程序等做出详细规定，同时对于宅基地流转后双方的权利义务予以法律规范，做到权利和义务相统一。

（三）宅基地三权中的资格权是成员权之一

资格权基于取得集体成员身份而享有，限于宅基地分配请求权和其他替代保障待遇请求权。集体成员资格的认定，在《民法典》未规定的情况下，更宜交由拟制定的《农村集体经济组织法》进行规范。2019 年修改后的《土地管理法》能体现宅基地分配请求权，却没有宅基地使用权（最先）优先受让权的规定，对资格权内涵规定不完整。拟制定的《农村集体经济组织法》应该系统规定成员权的权利体系，如此也有助于系统协调并明确成员权中各子权利的主体。

资格权中的宅基地分配请求权是一次性权利,基于一户一宅的法律限定,此权利在取得面积限额内的宅基地使用权后即已用尽。宅基地使用权放活后的两种权利形态,即宅基地租赁权和房屋占用的地权。原始取得的宅基地使用权可以充当收回到期次级权利即用益物权的母权。资格权包含(最先)受让权和优先受让权。使用权流转后,应在原不动产登记资料注明转让事项,并强调其宅基地和地上房屋不再享有抵押、出租权能。租赁债权期限不得超过20年。

(四) 成员宅基地使用权出让后享有收回权

资格权人享有收回权,意味着其转让住房财产权后,并不丧失宅基地使用权。若原宅基地使用权人不具备享有最先受让权的条件,可由还有面积缺口或者无宅基地的其他本集体成员优先受让。无本集体成员主张优先受让权的,可由集体回购。集体不回购时,原使用该集体建设用地使用权的非本集体成员才享有相对于其他非本集体成员的优先受让权,即续期权。集体成员优先受让后,如果该户能够享有的宅基地使用权未达面积限额,可以将受让房屋占用范围内的集体建设用地使用权恢复登记为宅基地使用权。

(五) 宅基地使用权与集体建设用地使用权便利互通

试点地区允许资格权人将宅基地使用权转让给其他组织和法人用于经营活动(包括非住宅类用途),即允许宅基地使用权变更为经营性建设用地使用权。资格权人将宅基地用于经营活动的,须经集体同意和乡镇政府审批。审批即意味着宅基地使用权变更为集体建设用地使用权。非本集体成员受让的集体建设用地使用权(宅基地"三权分置"的使用权),直接派生于集体土地所有权。受让人取得权利不超过70年,同时需要缴纳土地所有权收益金。

各试点地区对宅基地使用权出让的操作灵活多样。比如,四川泸县采取农户与社会资本投资者在宅基地上共建共享(股份合作)的模式,其受让住房财产权后,仅须支付地上建筑物部分的价款,同时无偿取得面积限额内的地权,由集体建设用地使用权恢复登记为无固定期限的宅基地使用权。宅基地使用权与地上房屋应遵循"房地一体原则"整体让渡,并更新为集体建设用地使用权与地上房屋所有权的"房地一体"。

根据实践需要，拟制定的《农村宅基地使用条例》宜规定：①使用权的期限，可为30～70年；②使用权登记生效；③使用权人一次性向集体支付土地增值收益调节金；④使用权可转让、抵押、入股、租赁、赠予、继承、设定居住权等；⑤使用权的转回规则。

（六）应允许宅基地使用权有效继承

《继承法》中明确将公民的房屋纳入了遗产范围，根据房地一体原则，宅基地必须能够继承，但鉴于宅基地的成员福利性质，继承时可以附加条件。首先，允许继承的宅基地应为初始合法取得的宅基地。其次，还可以附加期限、有偿等其他限制条件。农村宅基地以"户"为基本单位取得和保有，而组成"户"的基本成员很可能流动出本集体。现实中很多地方规定非本集体组织成员能够继承房屋及宅基地使用权，但不得对地上房屋进行改建、改造，以房屋的自然寿命作为继承的该宅基地使用权的期限。然而，由于被继承的房屋大都历史久远，如果得不到改建则无法居住或存在很大的安全隐患，这样一来只能被闲置，使继承失去意义，需要研究应对之策。鉴于我国农村人口数量总体呈递减的趋势，继承对集体的影响并不大，还有利于城乡交流，可附加有利于物尽其用的继承条件。需要说明的是，"一户一宅"是对原始取得主体的限制，而非对继受取得主体的身份限定。宅基地能够有效继承，可以为农村老人置换养老服务，包括向集体置换、向企业置换和向继承人置换，改善他们的弱势状况。据悉，拆旧建新后，一些老人住偏房、住车库。

二、放活宅基地使用权，兴办康养产业，把改革和发展结合起来

改革的目的是发展，改革是发展的体制保障。我国实行土地公有制，表现

形式为城市土地国家所有,农村土地集体所有。我国的土地管控制度非常严格,对农村的管控严格程度更是超出城市。基于保障农业生产的国家战略定位和保障农民生活的社会保障定位,严格管控的制度基调延续至今。对农村土地最先放开的是建设用地,之后是承包地,当下正在尝试放开宅基地使用权。2019年9月11日,中央农村工作领导小组、农业农村部的《关于进一步加强农村宅基地管理的通知》再次强调,宅基地是农村村民的基本居住保障,严禁城镇居民到农村购买宅基地,严禁下乡利用农村宅基地建设别墅大院和私人会所。法律表示"严禁"的,是红线不能突破。

(一)可以把宅基地分为存量和增量分别施策

"存量宅基地"是指符合宅基地申请条件的农户已经获得的宅基地和村集体所有的废弃闲置宅基地。"增量宅基地"是指根据村庄规划和用地指标新增的用于农户建房的那部分建设用地。对"存量宅基地"的使用权,应该允许农户直接对外转让而不应将其只限定在本集体经济组织之内。因为这部分宅基地对村集体而言并没有增加宅基地的供应,只是使用主体的变换,而对转让宅基地的农户而言却可以有效盘活其资产,实现财产性收入。对于"增量宅基地"使用权的对象只能是本集体经济组织内符合条件的农户。

(二)宅基地使用权流转符合"一物一权"原理

宅基地"三权分置"政策的推出就是要将社会主体对宅基地的使用权设定为物权,从而为宅基地的抵押、担保和再流转提供法律保障。不同主体在不同的时间段可以享有对同一物的居住权或使用权,而该使用权可以是物权形态的权利,这不违背"一物一权"的物权法原则,这与"一事不再理"的"一事"一样,认定的关键是时间段是否重合。

在乡村振兴的背景下,社会主体参与对农村宅基地和农房的利用并不仅仅局限于作为居住用房,更多的是用于发展乡村旅游、开办民宿、建设康养基地等经营活动,其为此所投入的成本更大,对产权和经营预期的保护需求更为强烈。因此,宅基地"三权分置"的物权化建构是经济社会发展的必然选择,而认清"一物一权"的含义可以避免不必要的纠结。

（三）宅基地可以转换为集体建设用地，发展康养产业

义乌的试点经验值得推广。义乌作为中国最早推出宅基地"三权分置"改革试点的地区，不仅允许农户的宅基地使用权在义乌市行政区域范围内跨集体经济组织转让，同时对农户转让出去的部分宅基地在登记时将整宗地界定为综合类集体建设用地，对应的农户宅基地使用权也转变成了社会主体的集体建设用地使用权。地方政府为受让方颁发以房屋所有权和集体建设用地使用权为内容的不动产权证，转让后使用最高年限为70年，要求受让人与村级组织签订宅基地有偿使用合同并一次性缴纳土地所有权收益金等。通过这种权利形态转换后再转让的方式，不仅突破了宅基地使用权主体的封闭性，同时赋予了"三权分置"改革下的宅基地使用权人具有可抵押、担保、转让等权利。

（四）乡村振兴中宜融入发展康养产业理念

在我国老龄化程度日益加重的背景下，很多省市把发展健康养老产业作为区域发展的重点，把康养产业作为九大支柱产业之一，而农村在城镇化建设、特色小镇建设、康养小镇建设、美丽乡村建设、生态宜居建设等新农村建设过程中，着重融入养老理念无疑是具有前瞻性和可行性的。在宅基地闲置、空置的案例中，涉及农村老年人的占据相当大的比例。目前农村老龄化率比城市高一倍还多，农村养老问题比城市更加严峻。发展乡村康养产业，在产业中融入事业，一为农村老人的养老保障有效，二为农村老人的养老质量提升，三为满足城市老人的乡村养老需求，四为积极应对全域老龄化，五为富村富农。

乡村康养产业用地问题，涉及宅基地的，很多情况下需要乡镇审批转性，把宅基地性质转变为农村综合性建设用地性质，这是政策联通法律的一条通道。目前我国正处于社会转型期，市场经济程度日益加深，由于立法追求稳定的自身特性，涉及农村土地的法律规定出现自我矛盾状态，一方面宣誓性鼓励放活，另一方面仍然因循旧例进行管控，这需要在政策引领的大方向下对法律进行合理规避，这跟合理避税是一个道理。

(五) 发展乡村康养产业的环境要求是生态宜居

康养产业消费者对环境要求很高,第一是空气良,第二是水源好,第三是配套全,第四是企业文化适宜。其中,生态宜居相当重要。根据《乡村振兴战略规划(2018—2022年)》的规定,衡量生态宜居的主要指标为"畜禽粪污综合利用率""村庄绿化覆盖率""对生活垃圾进行处理的村占比"和"农村卫生厕所普及率"。据调查,目前农村较普遍实行了旱厕改造,相关资金平均每户使用200元改造成为简易冲水式厕所,定时由集体派人拉走下水。建设生态宜居的乡村,需要生产、生活和生态协同联动,完善"生态宜居"政策支持体系,实施乡村环境综合整治项目。开展乱搭乱建、乱扯乱挂、乱堆乱放、乱排乱倒"四乱"整治,推进果园、花园、菜园、游园"四园"建设,增强下水管网铺设、污水处理等基础设施配套,让村庄变"净"、变"绿"、变"畅"。乡村康养小镇是特色小镇建设中的一种类型,主要为养老养生等长期消费的休闲人群提供服务,医养娱乐结合,这是目前各地雨后春笋般的规划建设项目。

三、吸引康养消费者双向流动,
把城镇和乡村贯通起来

农民进城落户需要在城市养老保健,市民退休休闲、康复、养老、怀旧、放飞自由、实现梦想需要到生态宜居的乡村,而每个康养消费者的亲属群体会被带动起来在城乡之间流动。平衡的、常态化的双向流动才能把城镇和乡村真正贯通起来,实现城乡融合一体化发展。在城市发展,到乡村养老,将是未来的生活方式。

(一) 给进城农民保留回流时的宅基地资格权

市民流向农村,目前的法律障碍是不能建设房屋和买入土地、房屋,但可以租赁和居住，也可以合资做产业。农民流向城市，流出流入都已经没有法律障碍，考虑到农村土地整理，会牵涉到宅基地的退出以及其他集体成员权益的交割。农民流向城市以后再回流到农村，各地的处理情况不一样，较好的做法是给农民 15 年左右的回流期限，退出时候仍然保留宅基地资格权，过期作废。这种做法是在鼓励农民进城的大背景下对弱势者的特别关照。

（二）乡村统筹规划应与特色展示相结合

优化生产、生活、生态"三生"空间是吸引人流发展康养产业的基础性建设。系统梳理市域自然资源禀赋和发展需求，统筹空间布局，科学划定生态红线、耕地保护线、城乡建设边线，合理布局村庄建设、产业发展、生态保护等规划要素，有力推进城乡生产、生活、生态的有效融合。但必须强调，农村的魅力就在于乡土味道，不能弄丢了，正常的农家宅院生活是基本元素。统筹规划的同时应注意保存特色，发展特色，乡土的才是世界的，要避免千篇一律，严禁强拆强征。2020 年 6 月下旬，山东的合村并镇暴露出很多问题，教训必须吸取。河北大午集团"扎根农业做企业，根据需要谋发展"的企业办社会模式值得总结和借鉴。大午康养小区的客户与职工一样享受免费医疗，较多吸引了北京的康养消费者。

（三）宅基地置换养老服务和村集体返祖代营

允许农村老人自愿将宅基地、房屋退回集体置换养老服务和村集体返祖代营，是发展乡村康养产业的路径之一。比如，中原某县级市作为全国农村土地制度改革试点，2019 年共建成居家养老服务站 265 个，主要用于免费供养五保户以及自愿退出宅基地的老人。老人以宅基地继承权与继承人之一签订赡养合同也是养老保障的可用路径。返租引导退出，是发展乡村康养产业的又一条路径。对于使用权主体进城后闲置的宅基地，使用权主体不愿意退出的，由村集体统一将闲置宅基地租回，并授权给社会主体开发经营。

（四）宅基地转变为集体经营性建设用地入市

通过集体经营性建设用地入市的方式，可保障部分养老、教育、热力供应、污水处理等公益性项目用地,以及网络商城、乡村旅游等新产业、新业态用地,扩大土地有偿使用范围,增强市场机制在资源配置中的决定性作用。某试点地区经验显示,农村闲置宅基地退出形成的建设用地指标优先用于本村发展建设,结余的建设用地指标由政府成立的土地开发公司以10万元/亩的价格统一收购,并在全市范围内统筹安排使用(11万元/亩的价格售出),达到了城乡贯通的显著效果。再比如,陕西某空心村,土地整治后规划为民俗村,融入建设美丽乡村项目。当地构建了由地方政府、村民组织、市场主体组成的三方共建创新组织形式和四位一体的创新运作模式,以政府为主导、以市场运作为主体、联合乡村组织、聚集社会资源、实施五大工程(人文复兴工程、美丽乡村建设工程、基础设施提升工程、生态环境修复工程、产业升级提升工程),取得了贯通城乡、联结八方、老人解乡愁、幼童得良师的显著效果。

参考文献

[1] 邬佼颖. 宅基地改革的推行 [J]. 法制博览,2020 (5):196-197.

[2] 高海. 宅基地"三权分置"的法律表达——以《德清办法》为主要分析样本 [J]. 现代法学,2020 (3):112-125.

[3] 吕军书,张爽. 我国农村宅基地继承制度改革问题分析 [J]. 农业经济,2018 (4):95-96.

[4] 方文. 农村宅基地"三权分置"实践运行需要明晰的几个问题 [J]. 浙江科技学院学报,2020 (2):96-102.

[5] 徐忠国,卓跃飞,吴次芳等. 农村宅基地"三权分置"的经济解释与法理演绎 [J]. 中国土地科学,2018,32 (8):19.

推动河南省城乡基础设施一体化建设，促进县域经济高质量发展

赵志浩[①]

摘要： 城乡二元经济结构以及城乡有别的基础设施供给制度导致城乡基础设施建设结构失衡，推进城乡基础设施一体化发展才能够实现城乡融合互补、加快资源要素城乡流动。当前，河南城乡供水供电、道路交通、环境卫生、医疗教育等领域的基础设施建设发展不平衡，制约了河南整体经济社会进步。只有把城乡看作一个有机整体，改革创新体制机制，实现城乡基础设施一体化布局、建设和管护，推动公共基础设施资源配置向农村覆盖延伸，并与相应配套改革和建设同步同频，才能够实现城乡一体化发展和城乡共同繁荣。

关键词： 基础设施；制度供给；配套建设

城乡基础设施一体化发展是推进城乡一体化的基础和必备条件，也是推进实施乡村振兴战略、解决"三农"问题的重要保障。2019 年 4 月 15 日，《中共中央国务院关于建立健全城乡融合发展体制机制和政策体系的意见》公开发布，其中提到建立健全有利于城乡基础设施一体化发展的体制机制，包括规划机制、建设机制和管护机制等，强调把公共基础设施建设重点放在乡村。目前，河南省城乡基础设施建设日益完善，服务功能不断增强，但相比于大城市

---

① 赵志浩，河南省社会科学院哲学与宗教研究所副研究员。

多数乡村基础设施建设滞后，成为制约河南经济社会发展的重要因素，应在改革和创新体制机制基础上，加大农村基础设施建设投资，实现城乡基础设施一体化发展。

一、河南城乡基础设施一体化发展制约因素

城乡基础设施一体化发展是实现城乡一体化发展的重要环节，唯有统筹城乡发展规划，合理布局城乡一体化发展战略，实现城乡基础设施同步供给，才能够逐步改变城乡二元经济结构格局，助推城乡经济同步发展。然而长期以来，政府发展经济的城市偏向和重工轻农取向拉大了城乡差距，城乡有别的基础设施供给制度使农村基础设施建设资金得不到有效保障，造成城乡基础设施建设结构失衡。同时，农村资金流向城市且得不到有效补偿，进一步导致农村公共基础设施建设滞后。

（一）城乡经济发展不平衡

河南长期将经济发展重点放在城市，将人力、物力和财力大量投向城市，重城轻乡导致城强乡弱，表现在农业经济落后于工业经济；城乡居民收入差距拉大、社会保障不同步；农业的现代化不能与工业化、城镇化同步发展；城乡基础设施发展机会出现不平衡等。河南是农业大省，农村大部分地区依然处在小农经济模式阶段，生产力相对落后，从而导致经济社会发展也相对滞后，直接阻碍了农村基础设施建设，在道路建设、供水供电、垃圾处理、电信等方面存在资金投入不多、融资渠道不畅等问题，在教育、医疗和社会保障等方面的支出与城市相比较少。另外，农村基础设施投资效益具有滞后性和不确定性，短期内无法形成经济收益和社会效益，难以得到信贷支持，只能靠国家补助和地方财政支持，缺乏持续的资金链支撑。

（二）城乡基础设施建设标准不统一

搞好城乡基础设施统筹发展，必须合理布局、统一规划，形成城乡一体的、通达的基础设施网络，特别要建设一些共享型基础设施，逐步消除城乡差别。而目前，城乡基础设施缺乏统一标准，农村道路建设、客运管理、废弃物垃圾处理、水电网供应管理等标准滞后，技术手段无法与城市相比，造成农村道路、环境等的质量难以保证。城乡经济的二元结构造成各种设施建设各自为政，没有统一标准，城乡基础设施资源共享性较弱，同类设施之间缺乏统一的协调。在推进城乡一体化发展过程中，坚持城乡协调发展，统筹城乡基础设施建设规划布局，从城乡结合处发展一些共享型基础设施，并不断向广大乡村辐射，才能够逐步实现城乡对接发展和融合发展。

（三）城乡固定资产投资分配不均

固定资产投资是指建造和购置固定资产的经济活动，包括国有经济单位投资、城乡集体经济单位投资和城乡居民个人投资等，它能够加强交通、电力、环保、通信、水利等基础设施建设，带动和扩大再就业，为经济社会发展创造条件。加大对农村固定资产如建筑物、房屋、机械设备等的投资建设力度，加快对农村固定资产的更新改造，扩建新建农村基础设施项目，增加农村固定资产投资预算资金和贷款、拨款及专项资金，协调城乡资金投入比例，可以增加农村居民收入比例，缩小农村与城市差距，促进城乡一体化发展。由于长期以来固定资产投资向城市倾斜，农村固定资产投资主要靠乡镇自筹、集体经济或农户个人收入，导致城乡投资水平不均衡，而且差距不断拉大。农村固定资产投资基础和增速较差，成为制约城乡一体化发展的因素之一。

（四）城乡产业发展关联性不强

在传统计划经济体制下，城乡被人为分割为两个独立部分，分别发展各自的不同产业，产业之间的联系缺乏紧密度。大城市和城镇主要以发展现代工业为主，大规模的机械生产拉动和带动了城市经济发展。人口众多的农村只有分散的农业生产，无法实现农耕机械化，生产效率较低，且无法与城市产业形成有效对接。虽然市场经济加快了城乡资源流动，但产业之间的关联性仍是需要解决的问题。把农产品与城市市场连接起来，实现生产与需求、农民与市场的有效连接，有利于实现城乡互补发展和资源优化配置。目前，由于城乡公路建设和互联网经济的发展，城乡生产要素流动渠道得到改善，但农村的市场化程度依然较低，城乡之间的合作能力较差，加大对农村道路、电网通信、环境卫生等的投资，成为统筹城乡产业发展、实现农业产业化现代化和打造城乡产业链的重要途径。

（五）农村金融发展滞后，城乡金融流通存在障碍

农村大型基础设施建设和城乡一体化发展离不开金融的支持，但目前服务于农村基础设施建设的金融业发展严重不足，主要的银行从农村撤离，仅存的一些金融机构，如农村信用社、农村合作银行、农商行、储蓄银行等，所能够提供的资金数额十分有限，主要以农户或集体小额贷款为主。银行之外的金融供给严重不足，融资渠道狭隘，无法满足农村大型基础设施建设的需求。农村地区缺乏担保机构和有效抵押担保品，抵押担保贷款发展滞缓。同时，由于农村基础设施建设存在盈利低、附加值少、周期长、风险大等特点，导致城市金融很难向农村渗透，与农村对口的农业银行曾经是支农金融的中坚力量，承担不少政策性金融功能，但由于股份制改造及市场化取向，服务于农村基本建设的功能逐步弱化。

（六）缺乏以城带乡发展的长效机制和政策规划

满足居民基本生产生活需要、提升居民生活品质，都离不开基础设施建设。城乡基础设施一体化发展需要相应的总体规划，比如用地规划、产业发展规划、社会事业发展规划等，既要发挥农村对城市的支持作用，又要注重城市对农村的带动作用，实现城乡在政策上的平等、产业发展上的互补，特别应注重在体制机制、发展规划和政策导向等方面引导城市发展辐射农村、盘活农村资产资源、带动农业产业发展等。然而，各级政府主体只考虑本地区利益，在

基础设施建设上各自为政，缺乏以城带乡的城乡统筹机制和整体规划，城乡平等的制度体系、投入体系和公共服务体系不健全，农村持续繁荣发展的长效机制不完善，农村各类市场主体缺乏内在活力，农业产业化、农村工业化步伐较慢，这些都制约了农村基础设施建设，更谈不上城乡基础设施一体化发展。

二、推进河南省城乡基础设施一体化发展对策建议

城乡基础设施一体化发展对于实现城乡融合互补、加快资源要素城乡流动、推动城乡共同繁荣等具有重大作用。基础设施一体化发展是一个系统工程，需要把城乡看作一个有机整体，改革创新体制机制，做到规划一体化、布局一体化、建设一体化、管护一体化，做好相关配套改革，完善配套设施，优化城乡资源配置，推动公共基础设施资源配置向农村覆盖延伸，增加农村基础设施投资渠道，形成城乡相互衔接的交通、供水、邮电等基础设施网络。

（一）发挥政府主导、推动、协调及服务的作用

城乡基础设施建设一体化发展不能仅靠市场调节配置来完成，政府作为人民公共利益的代表，在城乡基础设施建设中是无法缺席的，所以应担负起重大责任，积极发挥应有的作用，即综合运用制度、法律、行政、经济等手段，花大力气解决城乡基础设施供给失衡问题，实现基础设施一体化建设与均衡化供给，促进城乡经济协调发展、城乡社会和谐稳定。具体来说，政府在城乡基础设施一体化发展中应发挥主体和主导作用，比如制定长远发展计划和发展战略、完善规划与管理体制、提供法律制度保障、加大财政投入和建设扶持力度、拓展社会投资渠道、发挥组织协调和指导服务作用等方面。同时，政府在主导、推动、协调城乡基础设施建设过程中，还应该积极实现从"管理型"到"服务型"角色的转变，发挥好自身公共服务的职能。

（二）推动建立城乡基础设施建设一体化管理体系

实行基础设施建设一体化管理，科学规划和组织资源资金投入，是推进城乡基础设施一体化发展的先决条件和必然要求。应发挥政府部门的主导力量，科学合理规划，组织协调各方力量，建立健全城乡一体化发展规划决策机制，完善统筹城乡发展规划，加快统筹城乡发展步伐；寻求创新基础设施建设公平与效率的结合点，把交通、邮电、环境、防灾等项目纳入城乡统一规划范围，形成覆盖城乡全域、满足城乡需要的基础设施建设规划体系；划分中央基础设施和地方基础设施，确定各自管理范围和投资比例，比如在治理大江大河、引水灌溉、农产品流通设施、防护林工程、气象设施、农业教育科研等方面，中央应发挥集中规划和指导作用；综合利用政策扶持、股份分红、合作基金等手段引导资源流向城乡基础设施一体化建设，鼓励大型企业参与农村基础设施改造，根据市场规则科学设计利益分配机制，提高基础设施建设规划的科学性及可行性。

（三）实现城乡基础设施一体化建设与配套改革同步同频

导致城乡差距的因素多种多样，比如同工不同酬导致居民收入不平等，同地不同价导致土地收益不平等，进而影响城乡一体化基础设施建设速度和进程。因此，城乡基础设施一体化发展需要相应的软硬件配套保障，基础设施建设与配套建设及改革相得益彰，才能够整体推进城乡一体化发展。为此，要把改变城乡不平等格局、社会保障待遇差距等问题与城乡基础设施建设结合起来。把群众关切的重大工程建设与政治机构改革、政府服务能力建设等结合起来，强化党员干部建设，推动反腐倡廉，深化行政审批制度改革，推进办事服务窗口规范化建设等。把乡村振兴战略与推进城乡资源共享、产业链协同发展、人才流动等结合起来，大力发展乡村特色旅游、农业观光、农业休闲等。把城乡公共文化服务体系建设与城乡文明融合发展结合起来，在传承保留乡土特色文化基础上，吸引城市文明元素走进乡村。把城乡生态文明建设与河道整治、污水治理、生活垃圾处理等的基础设施建设结合起来，将农村环境整改纳入城乡一体化管理体系。

（四）健全长远规划、长效管理与阶段性目标的平衡机制

基础设施是较为永久性的工程，城乡基础设施建设既要观照全局、整体规划，保证建设的长期性和稳定性，又要因时因地分步骤有序推进，不能急功冒进。相比于一般性项目建设，基础设施建设消耗的时间和资金巨大，需要国家、企业集中投入和建设，一旦建成使用，维持的时间也较长，要花费相应的管理和维修费用。因此，大型基础设施建设应有长远规划，还要对成本效益进行精确核算，比如电路燃气、地下管网的铺建设计，将对每家每户产生影响，如果设计不合理，无法产生相应的效益回报，将造成资源浪费。另外，基于地理条件及经济社会发展水平等区位差异，基础设施建设应分阶段进行，把长远规划与阶段性目标结合起来。比如，对于基础设施条件较差的农村地区，可以先从道路、水电、灌溉等设施建设做起，再考虑垃圾污水处理、乡村休闲旅游、休闲景观、健身广场、娱乐公园、信息网络等设施建设，做到有条不紊、逐步推进。

（五）建立健全城乡基础设施一体化建设投融资规划

城乡基础设施建设重点在投资，目前农村基础设施建设资金来源单一，投资份额偏小，为缩小当前城乡基础设施差距，应将更多资金投入向农田水利、乡村道路、环卫设施等倾斜，完善农村基础设施投融资机制。实现城乡资金供给一体化，发挥中国农业银行、农信社和邮储银行等在城乡一体化建设中的主导作用。农村基础设施建设投资主要靠政府、集体经济和信贷资金，民间资本不愿进入，造成资金短缺，在保证公共财政对农村基础设施投资的前提下，创新融资模式，开辟多元化融资渠道，发挥政府资金引导和市场融资功能，放开基础设施建设市场和运营市场，充分调动非政府组织、农民参与基础设施投资的积极性，形成投资主体多元化格局。借鉴城市基础设施建设投融资模式，让各类投资主体相互衔接和补充，加大对非政府力量投资农村基础设施的奖励和补贴，充分利用互联网技术、大数据和云计算等孕育的新型金融形式，服务于

城乡基础设施建设一体化发展。

参考文献

［1］梅德平．城乡发展一体化中的公共基础设施投融资问题研究［J］．福建论坛，2014（6）．

［2］万冬君．城乡基础设施建设一体化管理体系构建研究［J］．全国商情，2016（9）．

［3］史蕾．浅析如何促进城乡基础设施一体化发展［J］．中外企业家，2017（2）．

［4］郭莹莹．河南城乡一体化发展的测度和横向比较研究［J］．经济界，2018（4）．

［5］许勤．推进乡村振兴战略，加快河南城乡融合发展研究［J］．中外企业家，2019（12）．

［6］马雪瑞，万冬君．德国与韩国城乡基础设施一体化建设思考［J］．现代商业，2019（5）．

积极引导劳动力回流：
河南县域经济高质量发展的有效途径

李中建[①]

摘要： 河南县域经济的高质量发展，离不开"三农"问题的解决，必须高度重视农村劳动力的外流问题。农村劳动力回流，是一种理性的自主选择，产业兴旺、资本支持、创业环境优化，是吸引劳动力回流的主要因素。要加强激励，创新举措，改善农村创业环境，积极引导劳动力回流，在助力乡村振兴中实现河南县域经济高质量发展。

关键词： 县域经济；高质量发展；劳动力回流

县域经济不同于城市经济，它是包含着广大农村、涵盖着农业、含育着农民在内的区域经济板块。2014 年 3 月，习近平总书记在兰考县调研指导时对县域治理提出要将以强县富民为主线、以改革发展为动力、以城乡贯通为途径的"三起来"要求，深刻洞察了县域治理的特点和规律，是我们推动县域经济高质量发展的根本遵循。河南省委书记王国生在 2020 年 4 月召开的河南省县域经济高质量发展工作会议上，高度肯定了县域经济在河南省经济大局中的地位，河南的县域面积占比近九成、常住人口占比超七成、经济总量占比超六成。作为全国重要的农业大省、人口大省、新兴工业大省和交通大省的河南，

---

① 李中建，郑州大学商学院教授，博士生导师，郑州大学县域经济高质量发展研究所所长，主要研究方向为劳动力流动与地方经济发展。

"三农"是实现县域经济高质量发展的关键，离开"三农"谈高质量发展，就是空中楼阁，水里捞月，而要将这一愿景化为行动，就要深入考察农村劳动力的外流与回流问题。

一、农村劳动力外流引起的问题不容忽视

改革开放初期，我国农村人口占比近80%，农业劳动生产率和边际收益极低，随着沿海开放和城市改革的兴起，农村劳动力向城市和沿海流动，成为农民获得额外收入、摆脱贫困的理性选择，地方执政者普遍将促进劳动力转移视为发展县域经济的重要途径。在理论上，配第和克拉克揭示了产业结构演进的必然性，为农村劳动力非农化提供了理论基础；发展经济学家刘易斯的二元经济假说为农业劳动力转移提供了有力的支持。自20世纪80年代中期以来，河南的农村劳动力大量外出务工经商，务工收入成为农民摆脱贫穷、勤劳致富的重要来源。但随着城乡关系演变到今天，大量农村劳动力外流所引起的问题已经愈来愈突出。

（一）劳动力持续外流形成了"三农"新问题

传统意义上的"三农"问题，是"农民真苦，农村真穷，农业真危险"，随着党对"三农"的日益重视和一系列惠农、强农政策的出台，传统的"三农"问题已经有很大缓解，但持续的农村劳动力外流因素所造成的积累效应，已经成为新的"三农"问题。突出表现在：农村空心化严重，现代农业后继乏人，农民的农业经营收入增长趋缓。农村家庭中青壮年劳动力长年外出务工，家中只剩下老人和孩子，留守儿童教育和心理问题较为普遍，农村常住人口持续减少。现代农业后继乏人，根据历年的中国农民工调查报告显示，"农二代"长期随父母在城市，不仅没有农业生产的实际经验、经历，而且普遍对农业不感兴趣，留守老人和妇女构成了我国农业生产的主力军，在持续的农

村劳动力外流的影响下，要建设一支有文化、会技术、懂经营的新型职业农民，还缺乏足够的、对农业有兴趣的人参与。农民的农业经营收入增长缓慢，党和国家已经对农业进行了历史上最好的政策支持，不仅取消了千百年来的皇粮国税，而且对种粮食进行一系列配套补贴，即使如此，由于农业经营成本不断上升、经营规模普遍较小、科技含量不高等因素，农业经营的收入水平较低，农民的农业经营收入增长缓慢，农民的职业吸引力极低。

（二）外出务工人群的就业质量不高，收入增长潜力有限

河南是农村劳动力输出大省，目前河南的农村劳动力流动中省内流动已经超过跨省流动的，表明河南的经济社会发展环境改善已经在有效吸引农村劳动力在省内就业。目前，农村劳动力在城市的就业身份仍然是农民工，他们在城市和二三产业的就业，往往处于劳动力市场分割中的"次级劳动力市场"，从事的工作岗位多具有脏、累、险等负面特征，劳动环境较差，劳动保护较弱，工作报酬水平较低，工作的存续时间极不稳定，极容易成为摩擦性失业、结构性失业的主体，大多数文化程度较低且技能短缺，在就业单位没有晋升的机会和通道，使这一群体在整体上收入处于边缘的地位，收入增长的潜力极为有限。

（三）农村外流人口对城市、工业的贡献降低

改革开放的初期，我国一方面农村劳动力严重过剩，另一方面面临资本、技术、管理上的短缺，沿海地区率先发展，吸收大量廉价的劳动力。这一时期，农村人口外流对于缓解农村人地矛盾、促进沿海地区外向型经济发展、改善农民收入的作用非常明显。但随着中国经济的转型升级，尤其是在制造业中，原来曾经为中国经济贡献很大的劳动密集型产品，出于提高竞争力的内在需要，更多为自动化生产、智能制造所替代，产生了明显的"机器排挤劳动力"现象，第二产业对农村劳动力的吸纳作用大为降低。第三产业成为吸纳劳动力的主要部门，但农村劳动力自身教育、技能等方面的局限，又使他们多集中在较为基础的层次，收入低下、竞争激烈，在城市缺乏稳定的职业预期。

通过清醒的分析，我们认为，无论是从工业化的进程还是产业结构的调整看，农村剩余劳动力在城市的发展空间不是在扩大，而是在缩小的。从城镇化的视角看，随着城市房价的不断攀升，农村劳动力是很难通过自身的努力在城市安家置业的。农村外流人口日益处于城市待不下来、农村不愿意回的两难"城漂"境地。

二、引导劳动力回流难在哪里

农村劳动力回流到农村，尤其是大量具有开阔见识、掌握一定技能的劳动力返回乡村，才能给乡村振兴，现代农业、农民增收注入活力和希望，才能有效解决上述的农村空心化、现代农业后继乏人、农业收入增长缓慢等问题，解决农民工的长久归宿问题，增加乡村振兴的有生力量。但从现实看，除非是因为年老或疾病因素，绝大多数农村劳动力是不愿意主动返回到农村的，其根源在于农村的环境不佳，容纳不了劳动力就业，更无法满足其实现发家致富的创业梦想。

首先，难在乡村缺少产业上。一些地方的农业以粮食为主，种粮的比较效益极低，依靠传统农业实现收入增长极为艰难；工业、商业不发达，无法提供充足的就业机会；产业链条较短，缺少致富的门路。虽然产业兴旺和劳动力回流是一个互为促进的过程，但如果没有起步的乡村产业，外出劳动力如果返乡，就会形成滞留、闲置的劳动力。

其次，难在缺少资本投入上。乡村产业来源于投资，从投资主体上，河南的农民收入水平普遍不高，承担风险的能力和投资的积极性低。根据各省国民经济和社会发展统计公报显示，以 2019 年的数据为参照，农村居民人均可支配收入一项，广东为 28995 元，江苏为 22675 元，浙江为 21352 元，山东为 17775 元，湖北为 16391 元，湖南为 15395 元，安徽为 15416 元，山西为 12902 元，河南为 15164 元。河南农村居民人均可支配收入远远低于广东、江苏、浙江和山东，在中部地区的比较中，与安徽、湖南基本持平，略低于湖北，高于山西，也略低于湖北农业。从融资渠道上看，农民的耕地在很大程度上具有社会保障功能，抵押和流转的意愿不高，抵押和流转换来的资金较少；宅基地受限于受让主体范围和位置，出售、出租的价格并不高；即使农民有信贷需求，也会因缺少有价值的抵押物、缺少有资质的担保人而无法融资。乡村资本短缺成为三农发展的一个普遍性约束。

最后，难在环境不佳上。经过最近几年农村环境生态的优化，乡村基础设施严重滞后的情况有所改善，但乡村的公共基础设施（水、电、气、道路、通信）的水平和质量仍远远落后于城市。更为重要的是，乡村办事难，创业更难，人情风、官本位在乡村仍具有较大的市场。

三、通过农村环境优化促进农村劳动力回流

在根本上，劳动力的外流与返乡，是劳动者的理性选择的结果，是劳动力综合判断农村的推力和城市、工业的拉力，自主决策后的行动。劳动力是拉不回的，也是逼不来的，要有效地促进农村劳动力回流，为乡村振兴找到源头活水，为河南县域经济高质量发展找准突破口，必须大力优化农村干事创业的环境。

第一，抓好关键的少数。乡村"两委"担负着乡村经济发展和社会事务的重任，是乡村政治经济秩序展开的执行者，也是乡村振兴的具体实施者，"两委"的产生和议事程序、工作作风，直接决定了乡村的制度环境。抓好乡村"两委"班子建设，由坚定政治立场、拥护党的政策、作风正派、群众威信好的村民成员出任村"两委"。规范议程程序，透明乡村财务、乡村事务，使乡村"两委"成为公平秩序的维护者、基础设施建设的实施者、公共事务的承担者。

第二，促进资本回流。利用乡情这一纽带，积极联络乡村外出的企业家资

源，为其在家乡举办产业提供土地流转、配套设施等便利，无论是出于经济利益的考虑，还是维护其在乡村中荣誉和地位的考量，返乡的企业家都会将较有前途的配套性环节放在自己的家乡，不至于出现套土地、套资金的假产业现象。

第三，做好对致富带头人的激励。引导乡风乡俗，对乡村致富带头人授予荣誉，吸纳政治立场好、带领群众致富效果好的能人进入村"两委"。

第四，促进新乡贤培育。乡村人才严重短缺，通过返乡乡贤的注入，可以发挥返乡精英的个人才能，对提升乡村发展和治理水平具有极好的促进作用，但也要防止这些精英"寡头化"。充分梳理乡村外出参军、上学、经商、从政等人才资源，创造条件吸引其返乡参与乡村建设，形成一批有资源、有品行、社会形象好的新乡贤力量，通过这些新乡贤的力量，带动资本下乡、项目下乡、文化下乡、技术下乡等，大力改善乡村面貌，以更优质的环境吸引乡村劳动力回流。

参考文献

[1] 宋亚平．"县域经济"到底是什么［J］．江汉论坛，2009（5）：5-12.

[2] 冯文海．发展县域经济　实现富民强县［J］．求是，2002（23）：28-30.

[3] 朱冬亮，洪利华．"寡头"还是"乡贤"：返乡精英村治参与与反思［J］．厦门大学学报（哲学社会科学版），2020（1）：7-8.

生态脆弱县的绿色产业发展路径

——以乌鲁木齐县为样本

贾征宇

摘要：当代中国生态脆弱县在小康社会建设中亟待将绿色产业发展提上议事日程。本文以乌鲁木齐县为例解说中国生态脆弱县的绿色产业发展道路，以便它跳出生态贫困陷阱。当前，乌鲁木齐县生态脱贫的困境表现为它的绿色产业具有低下的组织化程度，且缺乏严整的结构和紧凑的布局。本文以鱼骨图的形式呈现这些政策问题，并运用层次分析法度量它们的相对重要性。由此，本文发现优化产业结构是乌鲁木齐县实现生态脱贫的关键。它需要在绿色产业结构调整中理顺政府—市场关系。

关键词：生态脆弱县；绿色产业；生态贫困；小康社会

当代中国全面建成小康社会不仅需要保持经济快速增长，而且必须注重发展绿色产业。2015 年，《中共中央国务院关于加快推进生态文明建设的意见》倡导中国资源型城市培育以绿色产业为代表的新兴产业集群，促成这些城市推出有关绿色经济发展的新政。作为当代中国资源富集地区的民族自治地方亟待调整经济发展方式，从而顺应环境友好型社会建设趋势。这些地区中的县域有必要并行开展扶贫和绿色经济发展。

一、绿色产业的概念逻辑

历史地看，绿色产业最早是基于加拿大环境部于 1989 年提出的绿色计划培育的产业。它出现伊始便在工业化国家享受诸多优惠政策，如税收减免和贷款担保。不同于以破坏环境为代价运营的传统产业，绿色产业必须遵行环境标准运营。它的发展可以为现代国家带来一系列新经济增长点。受到不断增强的资源和环境约束，当代中国民族地区在小康社会建设中须摒弃粗放型经济增长方式——依托绿色产业消除贫困。

毫无疑问，绿色产业具有新型产业的属性。尽管中外政治经济学者尚未对绿色产业的内涵和外延达成共识，但可以确信绿色产业在现代国家环境治理中发挥不可替代的作用。作为绿色产品和服务供给者的总称，绿色产业在门类上囊括三次产业；这些产业出现的原因是环境保护日渐成为现代国家一大施政目标。绿色产业经营者设法在国民经济运行的各个环节消除环境污染，对于维持人类社会与自然界间的和谐关系具有积极意义。特别地，绿色产业会应用种种高新技术提高资源利用率。

面对持续升级的环境危机，现代国家自然寄希望于绿色产业实现经济社会可持续发展。在经典马克思主义学者看来，自然资源既是一类重要的社会财富，也是人类创造其他社会财富的必需品。在自然资源具有稀缺性的前提下，人类不加节制地进行资源开发将打破生态平衡。无独有偶，儒家和道家皆主张人类遵循自然规律行动，特别是在为人处世中施行禁欲主义。身为自然界的一份子，人们不得挥霍自然资源。在绿色产业发展中，现代国家会对三废进行减量化处理，有助于降低环境成本。

然而，现代国家无法在传统生态哲学观念的指引下扫清绿色产业发展的桎梏。人类中心主义者笃信人类是万物的尺度：在生态系统中居于支配地位的人类可以为增进自身福祉而恣意损害其他物种的利益。这种割裂人类与自然界之间的血肉联系的主张，对于全球社会频频出现生态灾难难逃其咎。伴随环境运动在"战后"发达国家迅速发展，非人类中心主义逐渐成为这些国家审视经济发展的指导思想。遗憾的是，非人类中心主义者未能认识到人类对自然界承担道德责任是两者保持和谐关系的前提。

对于当代中国属于生态脆弱区的县域而言，它们的绿色产业发展关系到其反贫困斗争全局。在霍贝尔看来，创造概念是任何领域工作的开端。当代中国生态脆弱县之所以会陷入贫困陷阱，在于环境恶化与贫困人口增加间具有互为因果的关系。统筹兼顾地开展产业扶贫和环境治理是这些县域藏富于民的必由之路。当代中国生态脆弱县只有在环境政策过程中妥善解决不同社群间的利益冲突，才能实现绿色产业长足发展。

二、县域生态贫困的缘由

地处天山北麓和准噶尔盆地南缘的乌鲁木齐县是一个山区县。作为全疆唯一首府县，它由两片农业区组成：北郊冲积平原农业区和南部山地农林牧区。乌鲁木齐县具有典型的温带大陆性干旱气候：它不但具有充足的光照，而且保持年均蒸发量高于降水量的局面。20世纪90年代，乌鲁木齐提出创建经济强市和旅游名城的目标，促使乌鲁木齐县加快农业现代化进程。该县在具有脆弱生态系统的情况下不易消除贫困。

在查阅有关乌鲁木齐县经济社会发展的资料的基础上，本文运用鱼骨图分析法阐释该县在中国经济转型期间出现的生态贫困。鱼骨图分析法又名因果分析法，被广泛用于寻找问题的根源。一般地，管理学者会以头脑风暴的方式确定问题的影响因素，并赋予它们不同的特性值。鱼骨图分析法有问题型、原因型和对策型之分；它们都包含人脑分解复杂问题的若干步骤。本文将以原因型鱼骨图的形式剖析现阶段乌鲁木齐县生态贫困的成因：该县产业组织、结构和布局都是当地生态脱贫的障碍。

乌鲁木齐县工商企业总体上缺乏规模效益是一个不争的事实。它的绿色企业基本上是中小国有企业和集体企业。固然，乌鲁木齐县于 2002 年跻身全国 100 个通过农业部验收的无公害蔬菜果品示范县的行列，预示它的企业将在国内绿色食品市场崭露头角。不过，这不是说这些企业已经取得良好的经济效益和社会效益。乌鲁木齐县绿色食品供应商鲜有年产值超过 500 万元者，且这些经营者主要就地出售绿色食品，表明该县远未凭借乌鲁木齐市作为中国西北商贸城市的地位开发省内外市场。

与此同时，乌鲁木齐县尚未形成合理的经济结构。它的产业结构变化趋势并非完全与配第—克拉克定理吻合——从一二三变成三二一。经过两次行政区划调整，乌鲁木齐县未曾消除自身经济低度发展的局面，集中表现在它具有突出的工字型产业结构。乌鲁木齐县依然具有薄弱的工业基础，导致它的工业一直无法充分反哺农业。即便乌鲁木齐县服务业近些年保持迅速成长的势头，但它的服务业压倒性地属于社会服务业，这使乌鲁木齐县难以以高附加值服务对它的实体经济产生强大拉动效应。

至于乌鲁木齐县的产业布局，它的三次产业园区具有明显的分散性。在国家启动经济市场化改革后，乌鲁木齐县一直保持农业分散经营的局面。它的种植业和畜牧业具有偏低的投入产出比，与当地农户以家庭为单位劳作具有密切关系。不仅如此，乌鲁木齐县农业与非农产业之间缺乏紧密的关联，为它的农业升级成第六产业增添阻力。乌鲁木齐县农业旅游景区面积很少超过 10 平方千米，且它们具有大同小异的服务项目。

三、县域生态脱贫的图示

基于对乌鲁木齐县绿色产业发展相关政策问题的判定，可以绘制该县生态脱贫难题的鱼骨图（见图 1）。本文绘制的鱼骨图主干是生态脱贫困难，它的分支包括人、机、料、法、环。乌鲁木齐县在绿色产业扶贫中之所以步履维艰，在于它的绿色产业在这些方面存在问题。完善有关绿色产业发展的政策不过是将前述问题逐一击破。鉴于鱼骨图分析法不具有量化研究问题的功效，可以运用层次分析法对生态脱贫困难来源进行排序。

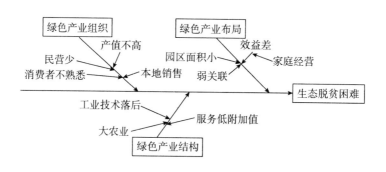

图1 生态脱贫困难的鱼骨图

复杂系统80%的运行状况是由其中20%因素决定的，鱼骨图也是如此。鱼骨图中的大骨、中骨和小骨分别与大要因、中要因和小要因对应，且小要因与对策具有直接联系。鱼骨图列出的各个因子只有一部分属于重要因子，和其他群组并无二致，意味应对生态扶贫困境的公共管理者控制少数因子将统揽全局。本文绘制的鱼骨图的大骨覆盖绿色产业的组织、结构和布局。这些事项可以被细分为中骨和小骨。直到公共管理者确定生态扶贫困境的根源后，他们才可以停止对相关政策问题追本溯源。

通过区分乌鲁木齐县生态脱贫的影响因素，可以运用层次分析法对这些因素进行结构化加工——构造该县生态脱贫难题的判断矩阵。毋庸置疑，乌鲁木齐县解决绿色产业发展相关政策问题是一个多目标决策：它需要衡量绿色产业各项管理目标的重要性，否则无法抓住其中的主要矛盾。这里以1~9标度确定生态脱贫难题的判断矩阵。受到相关数据缺失的影响，该矩阵元素未免出现漏填。可以利用粒子群算法改进生态脱贫难题的判断矩阵——以迭代的方式将该矩阵的随机解转化为最优解。

乌鲁木齐县生态脱贫的影响因素的权重不是完全相同的。它的生态脱贫困难的判断矩阵各个元素是利用合积法计算的。因为任何地区绿色产业发展相关事宜不是单一的，所以公共管理者需要全面设置相应评价指标。设置生态脱贫困难评价指标的目的是恰当地考评地方政府开展绿色产业扶贫的成效，且这些指标包含间接指标。令 E 为生态脱贫难题的判断矩阵，它对应的特征向量分别为 C 和最大特征根 λmax，有 Ec = λmaxC。对该特征向量进行归一化处理可以得到生态脱贫困难判定指标的权重。

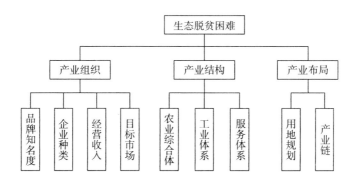

图2　生态脱贫困难评判指标体系

表1　生态脱贫困难的判断矩阵

项目	产业组织	产业结构	产业布局
产业组织	1	1/3	1
产业结构	3	1	4
产业布局	1	1/4	1

利用 n 阶行列式计算公式，可以得到 λmax ≈ 3.01。

给定 n = 3，得到生态脱贫困难的判断矩阵的随机一致性：RI = 0.52。

该矩阵的一般一致性：CI = (λmax − n)/(n − 1) = 0.005。

故生态脱贫困难的判断矩阵的一致性比例：CR = CI/RI = 0.0096 < 0.1，说明该矩阵的一致性是可以接受的。

为了确保乌鲁木齐县生态脱贫指标的权重是恰当的，本文将对该县生态脱贫困难的判断矩阵进行一致性检验。生态脱贫困难的判断矩阵的一致性分为随机一致性和一般一致性。当该判断矩阵具有良好的一致性时，可以求出它的权向量。不难发现，产业结构各项指标权重加总在生态脱贫难题的一级评价指标中排名第一，证实优化产业结构对县域实现生态脱贫是至关重要的，生态脱贫在很大程度上受到区域产业结构制约。

表 2 生态脱贫困难评价指标权重

要素	优先级	组内因素	组内优先级	总优先级
产业组织	0.2	品牌知名度	0.42	0.084
		企业类别	0.23	0.046
		经营收入	0.23	0.046
		目标市场	0.12	0.024
产业结构	0.63	农业综合体	0.68	0.4284
		工业体系	0.24	0.1512
		服务体系	0.08	0.0504
产业布局	0.17	用地规划	0.61	0.1037
		产业链	0.39	0.0663

四、县域绿色小康的愿景

当代中国县域在小康社会建设中贯彻绿色发展战略不是无条件的。加强产业政策创新是它们消除生态赤字的应有之义。从乌鲁木齐县绿色产业发展经验看，它和当代中国其他县域成长为大都市区（圈）的一员不只是在经济上缩小自身与城市中心区的差距。在可持续发展观已然深入人心的当今时代，乌鲁木齐县不宜对自身经济发展产生的环境问题置之不理。换言之，它需要多管齐下地协调产业发展与环境保护之间的关系。

一是加快绿色商品研发。缺乏扎实的经济基础，乌鲁木齐县短期无法彻底完成从农村经济形态向城市经济形态的转变。它在绿色产业升级中必将丰富绿色产品品种和提高其质量置于重要位置。以城郊农业作为自身主导产业，乌鲁木齐县需要强化它的菜篮子功能——向全国乃至世界供应优质的农副产品。乌鲁木齐县应着力提升农副产品深加工水平，以便其提高当地农业企业对这类产品的市场占有率。乌鲁木齐县也不应忽视开发新兴旅游市场，它可以尝试推介具有民族特色的生态旅游。

二是提高民众的环保意识。乌鲁木齐县政府在绿色产业发展中并非唯一责任人。它需要调动民众参与当地绿色生产和消费的积极性，为其提升绿色产业的竞争力铺平道路。乌鲁木齐县丰富多彩的民俗中并非没有可以用于环境教育的素材。至少，它的少数族群或多或少具有讲求天人合一的自然观，构成其绿色文化传播的有利条件。乌鲁木齐县不妨利用这种文化符号动员当地民众参与绿色经济和社会建设。它在绿色产业发展中使公民社会成为生态文明建设的中坚力量。

三是加强绿色技术法规供给。在法治建设已然成为全球社会进步主流的今天，乌鲁木齐县就绿色产业发展做到无法而治是一个不可能事件。它必须运用法律手段规范绿色产业运营，即建立完备的绿色消费品和投资品市场法律体系。具体而言，乌鲁木齐县应当将全国性环保法规转化为地方性环保法规，并将绿色产业发展相关事宜列入年度和中长期经济计划。它可以考虑组建环保法庭和审判庭，进而提高打击环境犯罪的力度。长此以往，乌鲁木齐县将推进它的绿色产业经营制度化进程。

四是完善绿色政府绩效考评体系。乌鲁木齐县对绿色产业政策推陈出新隐含政府效能建设。它必须督促当地主政官员改进绿色 GDP 核算方法，而不是允许后者在绿色产业发展中无所作为。乌鲁木齐县绿色产业发展成就应被列为它的一大小康指数。乌鲁木齐县必须对未能就绿色产业发展积极履职的政府职员追究其法律责任。应借助重大决策终身责任追究制度确保当地党政领导干部在绿色产业管理中恪尽职守。

参考文献

[1] 马克思恩格斯选集（第三卷）[M]．北京：人民出版社，1975．

［2］E. 霍贝尔. 原始人的法［M］. 严存生等译. 贵阳：贵州人民出版社，1992.

［3］朱蓓，肖军. 绿色产业发展研究综述［J］. 安全与环境工程，2019，26（6）：29 – 33.

［4］胡象明，陈一帆. "天人合一"的生态政策哲学及其当代价值［J］. 北京航空航天大学学报，2020，33（3）：45 – 53.

［5］皮圣雷. 综合鱼骨图及其在项目管理中的应用研究［J］. 中国软科学，2009（4）：93 – 97.

［6］党政军. 绿色发展视野下新农村经济转型发展模式研究［J］. 农村经济，2020（5）：34 – 36.

［7］王新芸等. 干旱区人口—经济—水资源耦合协调发展及其相关性分析——以乌鲁木齐县为例［J］. 水环境与水资源，2018（6）：101 – 105.

［8］谢大伟. 生态建设促进经济发展的实践及启示——以新疆乌鲁木齐县为例［J］. 干旱区地理，2017，40（3）：692 – 699.

以涉农资金整合政策推进农村治理体系创新

徐 可[①]

摘要： 当前涉农资金整合不仅是一项财政资金政策，也是我国"大部制"与"放管服"行政领域深化改革的有机构成部分。贫困地区资金稀缺因而整合涉农资金的综合效益更为明显，不仅规范了资金管理，而且提升了资金综合效率，还由于资金管理由"条条"改为"切块"模式增加了基层政府的事权和职能，倒逼形成了县级政府部门之间的协同机制，为农村基层治理创新提供了条件，增加了基层对公共产品的自主选择，也释放了农村"能人经济"的内生性致富动力。

关键词： 涉农资金；贫困地区；资金统筹；农村治理体系

一、发挥治理优势打赢脱贫攻坚战和抗疫总体战

打赢抗疫总体战并夺取脱贫攻坚战全面胜利是我们当前的伟大使命，习近平总书记在 2020 年 3 月 5 日"决战决胜脱贫攻坚座谈会"上强调"到 2020 年现

---

① 徐可，郑州财经学院经济研究所所长，研究员，经济学博士，博士后，主要研究方向为区域经济学。

行标准下的农村贫困人口全部脱贫，是党中央向全国人民作出的郑重承诺，必须如期实现"。目前抗疫总体战和脱贫攻坚战都到了决胜关头，正如习近平总书记所说，"这是一场硬仗，越到最后越要紧绷这根弦，不能停顿、不能大意、不能放松。各级党委和政府要不忘初心、牢记使命，坚定信心、顽强奋斗，以更大决心、更强力度推进脱贫攻坚"。

众所周知，突如其来的新冠肺炎疫情对我国治理体系是一场大考，我国紧急动员的举国体制彰显了治理体系的显著优势，这也为打赢扶贫攻坚战提供了制度保障和思想启发，将"集中力量办大事"的治理优势转化并运用到脱贫攻坚的工作机制。

河南脱贫攻坚领导小组2020年初制定了年度工作重点：一是持续加大财政专项扶贫资金投入，确保省级资金增幅不低于中央财政安排到河南的资金增幅；二是持续实施"四六四"专项行动，即产业扶贫、就业创业、生态扶贫、金融扶贫"四场硬仗"，健康扶贫、教育扶贫、扶贫助残、易地搬迁、危房清零、扶贫扶志"六大行动"，交通扶贫、水利扶贫、电网升级和网络扶贫、环境整治"四大工程"，帮助贫困地区补齐发展短板。从中可以看出当前扶贫工作的特点，一方面加大扶贫资金投入，另一方面扶贫项目越来越统筹化、综合化。扶贫已经不再只是财政的转移支付问题，而是一项社会系统工程。

为此我们要深入领会习近平总书记关于扶贫工作的重要论述，抓住贫困地区涉农资金整合的"牛鼻子"，推动农村治理工作的全面创新。河南近几年在减税降费和营商环境改革方面已经造成了不小的财政压力，当前疫情联防联控更是需要财政兜底。因此可以预见，疫后扶贫工作的重点将由财政投入与转移支付的短期项目建设逐步转向农村治理与体制创新的长效机制建设。而贫困地区涉农资金整合政策能够引发一系列的政策连锁反应，以此为抓手能够有效靠近党2020年中央一号文件"健全乡村治理工作体系"的目标。

二、贫困地区涉农资金整合政策的
出台背景与改革意义

党中央和国务院提出的乡村振兴战略目标需要加大农村的财政投入，更要提高农村基层的治理水平。众所周知，我国农村经济是以小农户家庭式生产为模式，因而带有"小、散、杂、乱"的特征，加之我国行政机构体制上的"条块分割"造成了我国涉农财政投资的低效率。为此，2016年4月，国务院下发《关于贫困县开展统筹整合使用财政涉农资金试点的意见》，旨在选择贫困地区集中整合各项资金以提高扶贫资金综合效益。河南随后也制定了《河南省开展统筹整合使用财政涉农资金试点实施办法》，以"渠道不变，充分授权，精准使用，提高效益"的工作原则在河南贫困县进行资金整合的工作部署。

资金整合政策的目的是通过贫困地区统筹归并涉农资金，对有关20类61项资金进行整合，"集中资金办大事"，构建"多个渠道引水、一个龙头放水"的扶贫资金筹集与使用的体制格局，形成"资金跟着项目走、项目跟着规划走、规划跟着脱贫目标走、目标跟着脱贫对象走"的工作机制。2017年11月，河南召开涉农资金整合扶贫工作推进电视电话会议，要求加快扶贫资金支付进度，提高扶贫资金使用效益。2018年3月，第十三届全国人民代表大会第一次会议通过了国务院的机构改革方案，以"大农政"的方式组建了农业农村部，将原农业部与国家发展改革委的农业投资项目、财政部的农业综合开发项目、国土资源部的农田整治项目、水利部的农田水利建设项目等管理职责整合到一起。可见，国务院机构改革的目标是加强部门之间的协调与统筹，以事权统筹财权的"大部制"以及事权下移的"放管服"改革已经成为行政领域和政府职能改革的明确方向。

在此背景下，涉农资金整合就成为特殊背景下先行先试的改革举措。这是按照"大部制"改革的思维模式将事权不断统筹并下移的过程，也是"放管服"行政改革不断释放基层活力的过程；不仅关乎财政工作与政策的执行，还关乎扶贫工作的机制创新和"三农"领域行政职能的归并与统筹。这也写入了2018年党中央与国务院《乡村振兴战略规划（2018—2022年)》："推进行业内资金整合与行业间资金统筹相互衔接搭配，加快建立涉农资金统筹整合长效机制。"

然而，当前不少人把资金整合仅仅当作是一项财政部门的资金业务工作并未引起高度关注。实际上，随着河南扶贫工作中涉农资金整合工作深入推进，所产生许多新问题、新发现、新做法，河南已经成为农村基层治理与创新的策源地。"政出多门""九龙治水"是我国的行政治理模式中的长期痼疾，如何统筹地方部门的资金集中使用进而打破这种"条块分割""行政壁垒"，形成政策叠加，聚焦政策合力，减少政策摩擦，其意义重大而深远。

河南社会经济发展程度差异大，贫困地区地方财力和资源配置不均衡，行政管理与治理模式的惯性强，而资金整合涉及资金渠道、扶贫项目、工作机制等方面的人员编制与行政权限的重组重构，倒逼我们从思想认识、管理措施、治理体系上实现一系列变革。

三、以资金整合政策为抓手提升
扶贫资金综合绩效

习近平总书记十分关心兰考的扶贫工作，在2009年4月、2014年3月和5月三次深入兰考调研指导脱贫攻坚。我们也借助脱贫攻坚民主监督的工作机会在2019年暑期调研了兰考县扶贫资金和普惠金融的资金归并与使用情况。2016年以来，兰考县整合涉农资金6.1亿元，其中扶贫资金2.6亿元，高标准粮田建设资金2.3亿元，农业发展资金1.2亿元。我们调研了兰考涉农财政资金的来源与拨款渠道，包括四项直补、扶贫资金，基础设施、普惠金融等资金的规模、分类、构成与比例，以及开发扶贫、搬迁扶贫、产业扶贫等项目资金情况，一致认为资金整合政策改变了传统的"碎片化"工作方式，提高了资金综合效益，值得推广。兰考县的扶贫绩效有目共睹，2019 年 6 月中联部在兰考举办了一场"中国共产党的故事：习近平新时代中国特色社会主义思想在河南的实践"专题宣传会，向全世界展示了兰考脱贫摘帽走上乡村振兴道路的过程。如果说"集中力量办大事"是我国治理体系的显著优势，那么"集中资金办大事"则是扶贫工作体制机制创新的抓手。

资金整合是以资金管理规范为前提条件，河南审计部门在对 2019 年上半年河南省扶贫资金审计中发现，有 12 个县市违规发放扶贫贷款 6080 万元，14 个县市未按约定向贫困户分红或捐款 838 万元，6 个县市将扶贫资金 3484 万元挪用于市政建设等非扶贫领域。资金整合应严格执行财经法规与各项政策成为审计的重点对象。资金整合过程也是部门利益调整过程，因此应防范机会主义，堵塞资金漏洞，加强财务管理，通过制度设计杜绝短期寻租行为与形式主义。其实资金整合本身也有助于加强财经监督，这是因为各部门在相互衔接配合包括拨款渠道的整合、资金规模的整合、行业部门的整合、地方区域的整合过程中，能够不断通过"外部人参与"的方式自发形成相互监督机制。

涉农资金整合问题不仅要"回头看"，更需要"往前看"，其意义在于：一是提高资金效率。由"资金拼凑"而主导的项目本身就如同"盲人摸象"一样缺乏系统性和科学性，从而造成严重的效率损失，同时资金整合减少了资金拨付渠道与环节，也减少了行政成本与社会成本并提高了行政效率。二是提升统筹能力。资金整合要求从总体性、系统性的高度评估各类资金的使用绩效，包括经营类的短期项目与长期开发资金、非经营类的补贴资金、公共基础设施、易地搬迁、环境治理等。这需要对项目周期、投资收益、覆盖人口、社会效益等指标进行综合性评价，比较各类资金使用效益分析。这为项目事前决策与事后运行都提供了评价依据，改变了原有行政部门"自扫其雪""各表其功"的做法，提高了统筹能力。三是促进项目实施。资金整合涉及多个部门的事权以及项目决策与执行部门之间的统筹与利益关联。在资金"切块"与"配套"的统筹过程中，当地群众可以"自下而上"地利用基层村级议事程序与投放劳力、配套资金等参与项目建设，有利于项目的落地与实施。

总体来看，资金整合的事权下沉，促进了农村基层组织和群众参与项目建设，强化了农村基层民主监督，减少各种跑冒滴漏与浪费现象，同时规范了项目建设地点、大概预算以及补助人员等调整与变更，强化监理、监督与公示程序等，提高了资金使用的综合效益。

四、以资金整合政策为抓手构建脱贫攻坚的长效机制

习近平总书记多次强调扶贫工作要"增加造血功能，建立健全稳定脱贫长效机制"。所谓长效机制是将行之有效的措施与经验制度化，设置长期指标考核农村公共品投放的绩效，促进扶贫方式由"输血"向"造血"转换，实现贫困人口生产生活条件持续改进以及贫困人口自我发展能力的提升。

河南省政府 2019 年初也颁布了《关于探索建立涉农资金统筹整合长效机制的实施意见》，对资金整合工作进行部署并对资金整合后的工作机制提出要求：一是行业主管部门要对清理整合后的涉农资金进一步明确政策目标、扶持对象、补助标准、实施期限、绩效管理；二是要着力解决部门内"资金分散""多头管理"和"结构固化"等实际问题，推动农村基层治理创新。可见"资金整合"已经成为推动"项目整合"与"部门整合"的重大综合性改革举措。为此，河南应围绕扶贫项目建设加强统筹措施，测算资金整合效益与项目综合收益，将项目投资与运行成本相结合，对河南扶贫资金与涉农资金的整体情况进行评估，一方面防范寻租行为、投机行为与短期行为，另一方面分析先进典型与案例将各地市与县区的成功经验甚至是"土办法"固定下来形成"正式制度"。

"长效机制"不是一蹴而就的既定政策，而是在长期演化中不断调整改进的工作方法，因此现行工作机制必须为后续不断的制度创新留有弹性和余地，

摒弃"毕其功于一役"的思维模式，专注于政策的"环境治理"。在河南贫困地区基层治理工作中，"资金分散"问题由资金整合来解决，"多头管理"问题由部门协同来解决，"结构固化"问题由治理创新来解决，这其中涉及的部门多、渠道多，自然摩擦和阻力也多。为此应将当前行政领域"放管服"的改革思路用于行政科层上下级的"授权—分权"改革中。上级对下级依据管理权限不断放权并提供服务，以此缓和"条块矛盾"并加大基层政府的主体责任，为基层政策包括"非正式"的制度创新提供"容错纠错"的体制环境。

资金整合与"放管服"改革举措具有内在逻辑一致性，当前城市商事改革中的"多证合一""最多跑一次"的"事权归并"也为其提供了改革思路，例如将乡镇企业与农村个体经营户各项减免措施与补助资金进行适当整合，进而加强财政、税务与金融部门的联合办公与协调机制，这对农村"能人经济"经营致富的营商环境显然具有"先行先试"的实验意义，这显然是有助于"造血功能"的"长效机制"。另外，脱贫攻坚作为一项公共政策离不开"公开、公正、公平"，河南政府2020年3月颁布的《关于全面推进基层政务公开标准化规范化的通知》中要求在"扶贫领域""涉农补贴领域"制定政务公开细则，也是迈向"长效机制"规范化的重要一步。

五、以资金整合政策为抓手完善农村基层治理体系

习近平总书记多次强调扶贫应先"扶志"和"扶智"，因此扶贫不能大包大揽，更不能越俎代庖，而是激发基层组织与群众的内生性动力。习近平总书记在黄河流域生态保护和高质量发展座谈会上也指出，黄河流域中下游和发达地区相比，短板在于"传统产业转型升级步伐滞后，内生动力不足"。

为了激发"内生动力"必须从基层治理中找出路。党的十九大报告中指出"要加强农村基层基础工作，健全自治、法治、德治相结合的乡村治理体

系"。为此扶贫工作也应推动社会治理和服务重心向基层下移，发挥基层部门之间的统筹能力、协同能力与自主能力。作为农村治理体系改革的推手，资金整合政策2013年在黑龙江"两大平原"现代农业综合配套改革中进行试点。早期实践发现，这不仅能够促进"整小合大""化繁为简"，还有助于识别政策设计与项目建设的目标。2014年，农业部又将广东清远市列为第二批全国农村综合改革试验区，制定了"三个下移"即基层党组织向自然村下移、村委会向村民小组下移、公共服务平台向农村下移，以及"三个整合"即土地整合、公共服务平台整合和财政涉农资金整合的改革方案。从对比结果看，资金整合取得的成效最为明显。可见，资金整合作为一项抓手能够推动重组各种潜在的创新力量。农村基层治理问题关键在于对公共产品与公共制度的投票与意见表达。如同河南的"省直管县"改革能够通过充分授权实现扁平化管理那样，资金整合有助于压实公共产品项目主体责任并激发基层活力。资金整合模式由"条"改为"块"，促进了"县级决策""村级议事"等"事权下移"。

在以"条"为主的"分散模式"下，每个部门都按照上下级科层关系进行行政治理，这也诱致基层政府只管"跑资金，争项目"反而失去了对项目选择的公共意见表达。而在以"块"为主的"整合模式"下，"上边千条线，下边一根针"，提升了项目所在地基层政府的意见权重，也促进了基层组织与群众对公共产品的自主选择。围绕公共品的"意见表达"与"投票问题"，能够吸引农村基层参与治理并形成"自治—法治—德治"的"三位一体"治理体系，为农村基层"能人经济"释放致富活力、创造政策条件。

六、以党建为保障放大资金整合政策的社会效应

习近平总书记多次指出，"要把扶贫开发同基层组织建设有机结合起来，真正把基层党组织建设成带领群众脱贫致富的坚强战斗堡垒"。河南农村党建工作深入推进为脱贫攻坚工作提供了强大的政治势能，也为河南贫困地区涉农

资金整合提供了难得的政策推进"窗口期"。

中原地区社会经济的"威权性"特征比较显著，财政资金具有较强的导向性，这也有助于形成"围绕扶贫抓党建，抓好党建促扶贫，检验党建看脱贫"的工作理念。中原地区"能人经济"特点显著，农村基层党建启用了农村致富能人和进城务工经商人员进入村"两委"班子，利用"第一书记"将村级组织打造成"战斗堡垒"。在党建的保障和引领下，河南农村的"能人""贤人"被"政治赋能"后将起到带头示范作用，形成村域经济发展中模仿式、跟随式的"雁形矩阵"。

党建工作重在"引领"，因此应高度重视涉农资金整合，这是因为资金整合的重点对象是财政资金，财政资金具有较强的示范作用，进而能够引领社会资本"集中力量办大事"，能够利用担保和贴息等手段引导普惠金融和资本下乡，发挥杠杆效应、乘数效应和扩散效应。例如，兰考县是全国首个普惠金融示范县，普惠金融政策包括各个商业银行与村镇银行的多项政策性贷款，其中也有不少财政担保项目。如果没有党建保障，诸多银行和财政部门间很难这么快就形成"一致性行动"。也只有在党建保障下，兰考县财政资金才能够通过财政担保来整合撬动金融资金与社会资本，释放出巨大的致富能量。

习近平总书记2018年2月12日在"打好精准脱贫攻坚战座谈会"上说："必须坚持发挥政府投入主体和主导作用，增加金融资金对脱贫攻坚的投放，发挥资本市场支持贫困地区发展作用，吸引社会资金广泛参与脱贫攻坚，形成脱贫攻坚资金多渠道、多样化投入。"为此，应加强党建的政治引领，将党建的政治势能通过资金整合转换成强大的动能：一是凝聚政策合力，集中力量补足扶贫政策的短板；二是激发基层群众的自主发展意识；三是引领扶贫项目的"PPP模式"，促进财政资金和社会资本、金融资本的合作，发挥财政资金引导作用和杠杆作用；四是能够促进相关部门协调，创新公共服务模式，提高公共产品供给，推进农村基层治理的创新。

参考文献

［1］王安才．统筹整合使用县级财政资金涉农资金的建议［J］．财政科

学，2017（4）.

　　［2］陈池波. 整合财政支农资金的模式构建［J］. 中南财经政法大学学报，2007（6）.

　　［3］侯小娜. 新时代财政涉农资金整合政策演化与策略研究［J］. 河北学刊，2019（6）.

　　［4］韩长赋. 实施乡村振兴战略，推动农业农村优先发展［N］. 人民日报，2018 – 08 – 27.

革命老区脱贫攻坚的路径探析

——以豫南新县为例

汪亚枫[①]

摘要： 河南新县是全国著名的革命老区，在脱贫攻坚战中以发展全域旅游的方式取得胜利。"新县模式"是一种行之有效的脱贫方式，经过不断探索而形成。新县通过打造"九镇十八湾"等旅游文化品牌，发展全域旅游，帮助贫困人口脱贫致富的同时，也拉动县域经济的发展。但这种发展方式依然存在发展不均衡、配套设施不齐全、产业结构单一等问题，需要分析新县选择旅游扶贫之路的原因，结合实际县情，在此基础上要精准施策，加强对普通贫困村庄的帮扶力度，深化旅游与乡村发展深度融合，优化乡村基础设施建设，并且要以全域旅游为契机，推动各类产业健康发展，才能实现县域经济的健康发展。

关键词： 新县；脱贫攻坚；旅游扶贫；县域经济

习近平总书记在党的十九大报告中强调，要实施乡村振兴战略，并要坚决打赢脱贫攻坚战。作为一种可以快速脱贫致富的手段，乡村旅游在推动脱贫攻坚和促进乡村振兴两大场域发挥着无可比拟的作用，不仅拓宽了旅游业的发展空间，拉动旅游经济快速增长，还解决了部分农村劳动力的就业问题，提高了

---

① 汪亚枫，中南财经政法大学法学院硕士研究生。

农民的收入。特别是在广大贫困地区，乡村旅游成为了旅游扶贫的核心工作，其不仅拉动了贫困地区的经济增长，更有效促进了全国扶贫工作的有序进行。最近几年，随着旅游扶贫的政策文件的相继出台，乡村旅游正成为一种新时尚。河南新县地处大别山区，是全国有名的将军县，同时也是贫困县。新县大力开发本地红色文化、绿水青山、传统古村落等丰富的旅游资源，以党和国家关于旅游扶贫的政策文件为指引，不断创新旅游扶贫新机制，推动全域旅游不断发展，以乡村旅游带动精准扶贫，创新脱贫攻坚新战术，为打赢脱贫攻坚战提供新思路，并逐步形成为一种可行有效的"新县模式"。

一、决战决胜脱贫攻坚的"新县模式"

2019 年，文化和旅游部正式认定并公布了首批国家全域旅游示范区名单，新县入选其中，并且河南仅有三个地区入选。由此说明新县发展全域旅游的总体思路是正确的，并且"新县模式"已经在全国树立了典型。2019 年国庆前，习近平总书记考察河南的首站就是新县，这是对新县发展的肯定和鼓励。近年来，新县精心打造了三张响亮全国的乡村旅游名片，在帮助农民脱贫致富的同时，也带动社会经济向快向好发展。

（一）新县旅游扶贫的典型做法

1. 九镇十八湾，全域游新县

"九镇十八湾，全域游新县"作为新县的招牌（见表1），是新县近年来在脱贫攻坚战中不断摸索而形成的。新县立足于自然环境、建筑特色以及人文历史等天然优势，将各个乡镇的特色景点串联起来，打造成一个全域性、独特性的乡村旅游品牌。新县现有中国传统村落 10 处，中国景观村落 12 处，河南传统村落 29 处，丰富的山水文化、古建民居、农耕技艺和传统民俗，使新县的广大乡村活力十足，乡村旅游蓬勃发展，逐渐形成了"九镇十八湾"的乡村旅游发展格局。

表1　新县"九镇十八湾"景点

"九镇"		"十八湾"	
景点	地理位置	景点	地理位置
银杏小镇	千斤乡杨高村	舌尖美食湾	计河湾（泗店乡）
		康体养生湾	钱河湾（浒湾乡）
房车小镇	香山湖朱冲组	水韵度假湾	游围子（浒湾乡）
		佛韵体验湾	北杨湾（千斤乡）
耕读小镇	吴陈河茅屋冲、奇龙岭、小河边王湾	乡村假日湾	西河湾（周河乡）
		山水风情湾	毛铺大湾（周河乡）（含甘湾）
忠孝小镇	田铺乡河浦村	古道探索湾	熊河湾（沙窝镇）
		古村民俗湾	丁李湾（八里畈镇）
森林小镇	田铺乡塘畈村	激情漂流湾	刘湾（陡山河乡）
		古村观光湾	老叶湾（卡房乡）（含潘上、潘下）
民宿小镇	卡房乡牛冲村	山水旅居湾	墨河湾（苏河镇）
		民居观光湾	钱大湾（苏河镇）（含邱北沟古民居）
红廉小镇	郭家河莲花村	湿地休闲湾	湾店（郭家河）
		梅花美居湾	梅花（陈店乡）
体育小镇	金兰山阮湾	红色感怀湾	竹林湾（箭厂河乡）
		原乡休闲湾	韩老屋（新集镇）（含枯井湾）
创客小镇	田铺乡田铺大湾	芳香古木湾	韩山湾（香山湖）
		绿韵茶香湾	云山湾（陈店乡）

2. 打造"一城三线"精品旅游线路

新县坚持全县一盘棋，总体谋划，将全县当作一个"大景点"来进行布局，打造"一城三线"精品旅游线路，明确"一镇一主题、一村一特色"的目标定位。尝试多元化旅游发展，如发展红色文化游、绿色生态游、研学游、乡村游、公园游、步道游等多种旅游形式。新县拥有"全国园林城市"等多个国字号荣誉，是一个天然氧吧，集旅游休闲、爱国教育、健身娱乐等多功能为一体的大别山露营公园为新县建成全域旅游示范区注入新的活力。

3. 红色故里，将军故乡

新县是全国有名的将军县，是许世友、李德生、郑维山等 93 位共和国将军和省部级以上领导的故乡，素有红军的摇篮、将军的故乡之称，黄麻起义在这里策划，千里挺进大别山在这里落脚，具有浓厚的红色文化。新县充分依托红色文化和资源，深入挖掘大别山精神，每年来新县进行爱国主义教育的团队数不胜数。同时，依托大别山干部学院，催生出 17 家红色培训机构，并建成大别山红色商学院，开展多样化商务研学活动，培育高端旅游消费市场。

贫困地区从脱贫攻坚到乡村振兴的转型，就是要充分利用脱贫攻坚形成的资源优势。"新县模式"的运行，带动了全县许多贫困人口快速脱贫致富，促进了旅游等多个行业的融合发展，在旅游及相关产业的带动下，全县 84.34% 的建档立卡贫困群众在旅游发展各环节受益。近 3 年来，新县旅游综合收入、游客接待量每年均保持 20% 以上的增长率，旅游业已成为强县富民的支柱产业，全县 84.34% 的贫困人口在旅游扶贫中获益。新县是信阳最小的一个县城，人口仅 38 万，2019 年国庆小长假接待了来自全国各地 119.2 万人次游客，实现旅游收入将近 10 亿元，创历史新高。

（二）新县旅游扶贫模式存在的缺陷

新县旅游扶贫之路取得了显著成绩的同时，仍有一些问题尚未解决。

第一，新县虽然采取全域旅游的模式，但受旅游资源分布不均的影响，不同乡镇之间发展不均衡，不同村落之间发展不均衡。作为新县主要的扶贫手段，乡村旅游在帮助农民脱贫致富方面发挥着巨大作用，旅游资源较为丰富的乡镇，例如田铺乡、周河乡、八里畈镇等发展较为迅速，但对于旅游资源稀缺或者有旅游景点但不太出名的乡镇，则发展相对滞后。而且，这些乡镇的村庄十分落后，既无景点亦无产业，扶贫压力很大，农民的收入不高，因此，青壮年劳动力不得不选择外出务工以求经济改善。又由此导致农村的"空心化"现象，农村的发展便陷入了恶性循环的境地。反观依靠乡村旅游实现脱贫的村庄，无需外出即可提高收入，很多人愿意留在家乡发展，农村发展有人、有资源，这便形成了良性循环。

第二，新县脱贫攻坚战的战绩有目共睹，但快速发展的背后，很多基础设施无法配套跟进。这主要表现在两个方面：一是有旅游景点的村庄的基础设施滞后，二是无旅游景点的村庄的基础设施滞后。对于依靠乡村旅游脱贫致富的村庄，其基础设施滞后会导致景点整体环境大打折扣，游客体验感欠佳，例如景点公共厕所设置不合理、公共厕所不通自来水，停车场面积太小，城区与景区之间的公共交通不便利，游客购物中心规模小且缺乏特色等，都会影响村落的长足发展。景观村落对游客的吸引力，一方面来源于旅游环境的美景，另一方面与村落的基础设施联系密切。对于普通村庄来说，基础设施主要体现在人居环境无法得到实质改善。近年来，随着国家扶贫政策的落实，普通村庄的基础设施较之以往略微改善，但由于没有得到应有的关注度，很多政策在基层实施起来难免流于形式，并没有在实质上改善农民的生活环境。

第三，产业较为单一，经济发展后劲不足。新县原本是一个主要依靠农业发展的小县城，近年来随着市场经济的发展，各类产业发展稍有起色，但囿于自身条件限制，经济发展仍然十分落后，例如交通不便，招商引资遭遇瓶颈。因此，以河南羚锐制药为代表的本土企业在新县经济社会发展中发挥着支柱作用，但这样的企业毕竟屈指可数，产业发展不均衡，经济发展后劲不足。随着近几年新县依靠开发自身旅游资源和国家政策支持，在乡村旅游领域取得了不错的成绩，但乡村旅游旺季是少数，而多数是淡季。所以，仅仅依靠旅游来促进经济发展是行不通的，要全方位多层次发展一二三产业，才能带动经济持续稳定增长。

二、新县旅游扶贫之路的原因分析

（一）新县拥有丰富的旅游资源，适合走旅游扶贫的发展道路

在革命战争年代，新县超过半数的儿女成为革命烈士，所谓家家有红军，

户户有烈士。在这里，诞生了红四方面军等多支主力部队，走出了许世友、李德生、郑维山等多位有名的共和国将军，同时铸就了新县优秀儿女的丰功伟绩，留下了革命遗迹三百多处，可以说，新县的红色底蕴极其浓厚。并且，新县也拥有十分独特的自然景观。如此宝贵的红色文化、珍贵的精神财富、美丽的自然环境，值得人们来新县学习体验。原本新县的旅游状况是"有区无界、有门无票、有景无点"，通过近几年的发展，实践证明，"新县模式"是行得通的。

（二）独特的地理条件促使新县不得不走旅游扶贫的发展道路

新县地处大别山区，山多田少，农民主要种植水稻，然而在"八山一水一分田"地理条件下，实行大规模的农业种植似乎不切实际。农民可种植的田地较少，勉强自给自足，但想依靠农业种植来脱贫致富是行不通的。同时，由于山林多而交通不便，希望通过发展工业来带动经济依然不具有可期待性。此外，由于缺乏市场前景，政府在招商引资过程中效果不佳，很多企业不愿意到新县投资。在这种情况下，农民看不到希望，在本地工作收入不高，很多劳动力选择离开新县到外地打工，所以新县也是一个劳动力输出大县，到外省以及境外务工的人数占比很高。在诸多因素的影响下，新县要想决战决胜脱贫攻坚，同时大力发展县域经济，则必须要挖掘自身潜质，突出自身优势资源，走旅游扶贫谋求经济发展的道路。

三、新县旅游扶贫的前景展望

（一）精准施策，加强对普通贫困村庄的帮扶力度

除了"九镇十八湾"，新县还有许多没有旅游资源而无法引人关注的普通贫困村庄，这些村庄逐渐出现"空心化"现象，留守的只有老人、儿童等劳

动力弱的群体。如果这一现象无法得到缓解或者解决，脱贫攻坚、乡村振兴就无法取得实质性胜利。走乡村旅游扶贫的发展道路，是基于全县总体情况而做出的战略决策，在短期内能带动大部分贫困人口实现脱贫的目标，但对于其他普通贫困村庄，无法通过旅游扶贫来实现脱贫致富，因此战略决策上要做出相应的调整，对普通贫困村庄精准施策，甚至是一村一策的方式带动贫困人口脱贫。此外，政府还应加强对普通贫困村庄的帮扶力度，充分运用农村合作社、扶贫车间等平台，稳定贫困人口就业问题，着重解决"两不愁三保障"突出问题。

（二）深化旅游与乡村发展深度融合，优化乡村基础设施建设

在大力发展乡村旅游的同时，也要同步提升农村的基础建设。主要体现为，对于景观村落来说，要配套建好应当具有的游客服务中心、公共厕所、停车场、具有特色的购物中心等，同时，城区至景观村落之间的往返班车应规范化运营，提升游客的体验。大部分景点虽然已经具有这些设施，但实际上仍然存在规模小、不规范等些许问题，应当加以改善。此外，要以乡村旅游为契机，带动当地特色产品的销售，政府应帮助当地农民将特色产品打造成自己的品牌。对于普通贫困村庄来说，要开展农村环境整治活动，使村容村貌有一个大改变，推进贫困地区基本公共服务均等化。基层政府要重点抓好农村垃圾的清扫、转运和环境保持工作，对村组道路、坑塘堰坝、村庄周围等环境卫生进行综合整治，净化村组环境。同时，布局谋划村组至乡镇和中心城区的公共交通路线，虽然部分乡镇已有实践试行乡镇至中心城区的公交，但仍停留在形式主义上，农民出行仍有诸多不便，交通问题需要着重解决，使农民真正实现出行自由。

（三）以全域旅游为契机，推动各类产业健康发展

在发展全域旅游的同时，不能忽略其他各类产业的发展，应以全域旅游为契机，推动一二三产业融合发展。牢固树立"抓项目就是抓经济、抓项目就是抓发展"的理念，坚持把重点项目建设作为推动县域经济发展、强化民生

保障的重要抓手。要坚持"突出优势，补齐短板"的原则，以发展旅游为抓手，同时促使服务业、农业、医药制造、物流、通信、制造等重点产业健康稳定发展。更重要的是，要把旅游发展当作一种理念、一种平台，建成消费经济链，吸引其他产业发展聚集，调整单一的产业结构，拓宽产业发展新空间，推动完成产业转型升级，促进县域经济快速发展。

县域经济发展下特色产业
精准扶贫的实现路径
——以河南为例

王　婕①

摘要：县域经济是实现乡村振兴的主阵地，是打赢脱贫攻坚战的主阵地，是实现全省经济高质量发展的主阵地，为全面建成小康社会保驾护航。产业发展带动经济兴旺，县域经济高质量发展，要以县域特色产业发展为基础。在我国新旧动能转化的关键期，县域特色产业如何健康蓬勃发展，如何实现精准扶贫成为关注焦点。本文以河南为例，通过分析河南县域特色产业发展现状，探寻其发展困境并归纳原因，为河南县域特色产业的精准扶贫提供路径选择。

关键词：县域经济；特色产业；产业扶贫

一、引言

县域经济指的是，在县级行政区划的范围之内，以县市区为核心，向周边

---

①　王婕，江苏大学马克思主义学院硕士研究生，主要从事马克思主义中国化研究。

村镇辐射的一种经济体系。河南是农业大省，也是人口大省，其县域面积占全省总面积近90%，常住人口超70%，河南县域经济成为本省经济发展的重要组成部分，在全省发展大局中具有举足轻重的作用。河南发展的关键是县域经济，难点也是县域经济，但县域经济将成为河南经济发展的新引擎。改革开放以来，河南一直将发展县域经济作为重点工作，统筹规划县域经济发展蓝图，抢抓机遇培育县域经济发展优势。河南县域经济不断发展壮大，推动河南向经济大省迈出坚实一步，也从根本上改变了河南经济社会的原始面貌。

县域发展，产业为基。特色产业是具有鲜明特征的县域主导产业，搞好特色产业是提升县域经济竞争力的关键一环，也是确保县域经济平稳健康快速发展的"压舱石"和"助推器"。河南县域特色产业在发展过程中，应把握原有优势，立足产业基础，加快产业转型和提质增效，把特色化贯彻到底，着力打造高质量发展的特色化产业，彻底激发县域经济发展潜力。尤其难能可贵的是，河南走出了一条工农业协调发展、城乡协调发展的新路子，为中国县域经济发展提供了"河南样本"。

二、县域特色产业扶贫面临的挑战

（一）县域经济发展不平衡的矛盾突出

2020年全国百强县榜单，河南仅有四个县市上榜，与发达省份仍存在明显差距，而且河南省域内县域经济发展不平衡的问题仍然严峻，发达和不发达的县域之间的差距呈现不断拉大的趋势，这侧面说明各县域社会经济处于不同的发展阶段。县域经济发展主要受历史基础、自然地理和社会人文等因素的影响，这些因素共同作用导致了河南县域经济发展的差异。河南除中原城市群带动县域经济发展作用突出外，其他地区由于资源匮乏、县域基础设施落后等多种原因，导致经济发展普遍滞后。加之区域中心城市辐射带动作用未能得到有效发挥，落后地区与经济强县之间差距越来越大。县域经济发展不平衡的问题得不到解决，贫困落后县将成为经济发展短板，短板不补齐，整体经济水平就很难再上一个台阶。

（二）县域产业总体规模较小

县域经济间的竞争主要还是看县域产业的整体竞争力，产业规模小，市场占有率就低，产业竞争力也更弱。产业集群是发展县域产业最重要的一环，也是推动县域产业蓬勃发展最为活跃的中坚力量。河南县域产业分布很广，但大型产业集群不多，实力不强，这导致县域产业发展后劲不足，对县域经济的贡献十分乏力。县域产业布局不优在一定程度上导致多数产业集群发展层次和质量都明显偏低，很难发挥规模产业的优势。如何在国内外经济环境变化的形势之下，提升特色产业聚集度，打造大型龙头领军产业，进一步实现特色产业集群高速高质量发展，是河南县域经济发展亟须处理好的重要课题。

（三）县域产业科技含量不高

科技支撑县域经济的跨越式发展，科技对县域产业进步的贡献率不容小觑。当前，部分落后县域的特色产业以农业产业为主，偏向粗放式经营，落后的生产技术、陈旧的生产设备等成为产业高质量发展的负累。科技水平落后，产业效能必然受其影响，产品科技含量不高，产品附加值低，市场竞争力不足，产业将毫无发展前景可言。河南县域产业有其独有特色，但其农业大省的身份依然没变，产业转型升级必须要依靠科技投入，科技赋能产业发展，高科技含量的产品更具市场发言权。另外，科技含量不足是导致产业创新能力增长缓慢的主要原因，也是河南高新技术产业增速下降、产出率不高的重要原因。

（四）县域产业同质化竞争仍然存在

河南县域新产业新业态蓬勃发展，但同样难逃同质化窠臼。河南作为农业大省，农业产业发展迅猛，出现了如休闲观光农业、会展农业、农业电商等县域特色产业。但不少产业疲于创新，盲目跟风高效益产业，出现产业趋同、忽视品牌建设等问题，发展愈发趋于同质化。许多旅游产业内容千篇一律，只会追求表面修饰，一味地想要靠吃喝玩乐等项目获得收入，忽视了当地文化特色，容易产生同质化恶性竞争现象。大数据的广泛应用弥补了河南传统农业的不足，让县域产业科学合理化。但部分落后地区难以打破传统发展模式，想要仅靠复制优秀典型达到致富目的，清一色的产品必然引发过度竞争，终会破坏农业电商行业生态平衡。县域经济得到最优的发展结果，各县比较优势得到充分发挥，利用特色资源打造地方特色的支柱性产业，拉动县域经济发展，避免同质化现象的发生。

三、特色产业下精准扶贫路径探索

（一）加强政府引导，加大政策支持

政策体系是产业发展的基本依据和理论遵循，县级政府担负着确保政策贯彻落实的重任。政府引导作用不强、政策供给不足，是造成县域特色产业发展困难的重要原因，而政策调整是推动产业扶贫实现县域经济高质量发展的最为重要的手段之一。明确县域特色产业发展总体部署和行动规划，加大政府支持力度，因地制宜给予政策供给，为特色产业的发展营造良好的政策环境。2017年国务院办公厅发布了《关于县域创新驱动发展的若干意见》、2020年河南省委一号文件中指出要发展壮大县域经济，这些政策的出台无疑都为河南县域经济的发展指明了方向。"对于河南来说，县域经济总体上量要放大，质要提高，更要有特色！"河南省省长尹弘在省政府常务会议上强调，加快县域经济发展是高质量发展的应有之义。首先，县级政府要在政策允许范围内，发现发挥本地区特色，着力推进产业转型升级，加快产业特色化进程，强化落实特色品牌意识，大力发展县域内优势产业，保持其地位不动摇。其次，产业扶贫作为促进县域经济发展的长久良策，各级政府必须要为县域特色产业配备完善的发展机制，并将此作为重点任务来抓。通过选准特色产业项目、强化财政资金等一系列政策支持、完善政府配套服务机制等方式，形成各地区特色产业扶贫模式。

（二）夯实要素配置基础，激发产业发展动力

县域特色产业发展要以产业资源要素合理配置为基础，全县应协调好经济、社会、环境等各方面关系，打造一条协调可持续的特色产业发展线，形成生态和谐化的发展体系。

首先，突出生态效益。"绿水青山就是金山银山"，在保证特色产业高质量、高收益发展的同时，要坚持绿色发展理念，严控生态红线，坚持产业发展与环境保护协同共生，充分把握地区生态资源优势，大力发展生态绿色产业。集约高效是产业绿色发展的关键，构建特色产业集群化发展体系，节约集约利用资源，打造高效、现代化产业集聚区。

其次，立足县域资源基础。发展何种特色产业，要依据各县域实际情况，即根据不同区域的自身资源基础，有偏向性地打造特色产业，优先发展优势产业，宜农则农、宜工则工、宜商则商，充分利用县域独特资源，实现特色产业和谐快速发展。

最后，注重资源整合。县域之间可通过资源整合，实现产业多样化发展，共同培育特色鲜明的大型龙头企业。通过县域资源共享，既能弥补自身发展短板，又能实现合作共赢，实现产业双重增效。

（三）优化利益联结机制，推动特色产业融合发展

县域特色产业大多以历史传承为主，在新的经济环境之下，必须鼓励其与新兴产业融合发展，构建特色县域经济产业链，以此扩大经济带动范围。特色产业融合发展有以下优点：一是更加容易产生规模优势，在充分体现县域经济特色的基础上，散发更强的市场竞争力和带动力；二是能够有效解决县域经济结构不合理、产业布局不科学的问题；三是能有效拉大产业差异化，改善产业趋同现象，实现产业特色最大化显现。值得注意的是，在特色产业融合发展过

程中，还要结合农民特点，创造多元化利益联结方式，增加农民共享增值收益的机会。农民在产业融合中是典型的弱势群体，通常是利益的被剥削者，与其他参与主体相比处于明显不对等地位。因此，需要探索符合农民的利益需求、适合农民的生产特征的利益联结方式。各县域要坚守国家惠民利民初衷，以农民为受益主体，改善农民参与产业融合的传统的低收益模式，保障农民能直接参与产业利润分配，优先分享产业融合带来的收益。

（四）加大人才引进和研发投入，加快产业创新发展

创新是引领发展的第一动力。在县域产业发展越来越同质化、市场资源越来越紧缺的当下，创新创意弥足珍贵，鼓励创新能有效激活县域经济发展新活力，县域特色产业进一步提质增效必定要走科技创新道路。基于此，县域特色产业发展必须摆脱僵化跟风的旧路，冲破发展模式趋同的牢笼，要充分认识到人才和技术的重要性。通过优化人才引进政策，提高财政支持力度，拓宽人才引进渠道等方式，吸引更多的科技人员返乡，以满足当前县域特色产业的人才需求。同时，开展新型职业农民培育工作，提升农民科技学习水平，让农民有能力参与到特色产业发展中，有效降低了农民失业率，把精准扶贫落到实处。完善构建农业职业教育体系，充实壮大农民科技教育培训体系，大力开展对不同层次新型职业农民的培训工作，以满足当前特色产业发展对人才的需求。另外，加大科研投入，加强对技术引进和创新的重视度，加快打造高新技术产业区，为县域特色产业的创新发展提供技术支持。科技创新力关乎产业产出率和产品质量，各县域要更加重视科技创新，加大对科技研发的资金投入，使特色产业更具持续发展能力，也让县域经济更具发展活力。

参考文献

［1］王泉栋. 着眼区域特色产业　助推县域经济转型发展——以山东省栖霞市为例［J］. 中国集体经济，2020（11）：21 - 22.

［2］吴海峰，苗洁，杨志波. 新时期推进河南省县域经济科学发展研究［J］. 经济研究参考，2013（72）：48 - 62 + 83.

［3］方明．如何通过特色小镇建设撬动城乡发展［J］．中国乡村发现，2018（1）：81－85.

［4］卞瑞鹤．疫情防控下河南县域经济再发力［J］．农村·农业·农民（A版），2020（5）：15－17.

［5］孙玉梅．加快贫困县发展　助力扶贫攻坚——对河北省贫困县县域经济发展的分析［J］．统计与管理，2017（12）：114－116.

"互联网+"背景下精准扶贫
模式创新研究

——以浙江省遂昌县"遂昌模式"为例

张雨辰　　卢侃怡①

摘要：随着互联网技术的发展，"互联网+"发展模式日趋成熟，在推动地方产业发展和改善人民生活水平方面都发挥着重要作用。如何更好地发挥"互联网+"精准扶贫模式的及时性、便捷性、准确性，提升扶贫工作的效率与效能，已经成为扶贫工作的重要议题。2015年以来，浙江省遂昌县创新性开展和推进"互联网+"扶贫模式，深化精准扶贫理念，将互联网与扶贫工作深度融合，积累了宝贵的地方发展经验，培育出独特的"遂昌模式"。本文以遂昌县为例，通过分析遂昌县"互联网+"精准扶贫模式，总结其中发展规律，为各地深入推进精准扶贫工作提供建议。

关键词："互联网+"；精准扶贫；创新

---

① 张雨辰，中国人民大学公共管理学院硕士。卢侃怡，中国人民大学公共管理学院硕士。

一、"互联网＋" 精准扶贫模式的提出背景

2016年4月19日，习近平总书记在网络安全和信息化工作座谈会上指出，"发挥互联网在助推脱贫攻坚中的作用，推进精准扶贫、精准脱贫，让更多困难群众用上互联网，让农产品通过互联网走出乡村，让山沟里的孩子也能接受优质教育"。2020年初，中央网信办、国家发展改革委、国务院扶贫办、工业和信息化部联合印发《2020年网络扶贫工作要点》，通知要求咬定目标，坚持标准，集中兵力打好深度贫困歼灭战，全面完成剩余脱贫任务，把网络短板补得更扎实一些，把信息基础打得更牢靠一些，推动网络扶贫行动再上新台阶，不断激发贫困地区内生动力，坚决打赢脱贫攻坚战。

"互联网＋"模式的不断发展，实现了对传统发展模式的变革，"互联网＋"模式的有效运用，能为贫困地区精准扶贫、精准脱贫提供新理念和新技术，其巨大潜力也在贫困地区不断苏醒、释放、传递，将会为打赢脱贫攻坚战作出更大的贡献。如果仍然固守过去的老套路，不仅阻碍地方扶贫事业的发展，还会让地方失去互联网发展红利，拉大与其他地方的差距。

二、"互联网＋" 精准扶贫模式的优越性

（一）"互联网＋" 优化地方产业链

借助互联网平台及技术，通过整合商业信息资源，实现电子商务理念在精准扶贫过程中的积极创新运用，同时大力推动5G、大数据、物联网等与地方产业的精准融合，有助于打通产业发展的"最后一公里"。通过网络平台整合

地方特色产业资源，通过完善物流仓储、网店开设、直播带货等网络营销新模式，降低地方产品向外输出的中间成本，使群众获利更多。此外，线上线下相结合的新型销售模式，不仅所需成本少，也可以使农民直接与消费者进行沟通，使得消费者更放心，农民更便利，从而进一步整合本地特色产业资源，优化地方产业链。

（二）"互联网+"激发群众创新

精准扶贫的关键在于创新，各地脱贫攻坚所面临的情况不同，只有因地制宜地总结地方经验、探索地方模式才能够走出符合本地模式的脱贫致富道路。而走出本地脱贫道路，不仅需要政府治理理念的创新，也需要充分汲取人民群众的创新力量。借助互联网平台，贫困户可以更清晰直接地了解新闻时事、开阔个人眼界、探索个人发展方向，并在此基础上利用网络进行有针对性的学习、就业、创业、产品销售推广等，助力贫困户探索致富脱贫渠道。通过充分提高贫困群众利用"互联网+"模式的能力，目前全国各地已经涌现出借助网购平台实现农产品直播销售、制作乡村生活短视频带动乡村旅游等多种新型网络扶贫形式。只有真正帮助群众享受互联网发展红利，才能带动地方扶贫体制机制的创新，才能够探索出适合本地发展的独特脱贫道路。

（三）"互联网+"助推教育扶智

城乡教育资源的差异是当前各地精准扶贫面临的主要问题之一，随着我国城市化进程的不断加快，城乡之间的教育资源差异更加明显。城乡之间的教育资源差异不仅存在于义务教育阶段中，同样体现在成人教育、专业技能培训等各个方面，而"互联网+"可以成为缩小城乡教育资源差异的重要措施。通过深入推进"互联网+"教育扶智，借助互联网平台资源，将城市内优质的教育资源与农村共享，使农村居民一样可以享受到优质的基础教育、专业技能培训等多种教育资源。"扶贫必扶智"，只有缩小城乡之间的教育资源差异，打破城市对优质教育资源的垄断，才能够实现教育公平，真正打破贫困的代际传递，使农村居民拥有更多的发展机会，实现从物质到精神层面的"脱贫"。

（四）"互联网 + "整合社会资源

从政府层面而言，借助"互联网 + "技术，政府可以构建扶贫综合信息平台，借助大数据精准定位扶贫对象、综合分析致贫原因，有针对性地进行帮扶。同时，借助综合信息平台，政府可以更好地整合各方人力、物力、财力资源，综合整理发布各项信息，及时掌握贫困现状和社会扶贫情况，进而推进扶贫信息与扶贫工作及时化、公开化、透明化。另外，借助社会公益互联网平台，可以充分调动民间力量，通过群众自发式上传信息，借助平台实现需求扩散，如农产品滞销求购、农家乐民宿信息推广等，进而实现社会资源的互通有无，实现供给方与需求方的精准对接，增强社会资源的利用效率。

三、"遂昌模式"的主要特点

（一）借助"互联网 + "推动电商发展

遂昌县作为浙江农村电子商务发展示范县，积极探索农村电商发展的遂昌道路。近年来，随着网络电商平台的日益普及，网络电商成为了经济发展的又一增长点。而广大的农村地区虽然有着广袤的市场和众多的商机，但受限于物流、交通和网络基础设施等原因，乡村电商发展较为迟缓。

遂昌县积极顺应"互联网 + "时代下商业模式变化，积极采取多种措施改善农村营商创业环境，助力农村电商发展。遂昌县自 2015 年开始，每年定点为乡镇提供产业捆绑项目资金，由各乡镇因地制宜对低收入农户开展产业帮扶，对尚有劳动能力的家庭，以发放种子、种苗、肥料的形式助力其根据自身情况发展农业。同时，除助力传统农业产业发展外，遂昌县还积极支持帮扶对象发展中蜂养殖、香榧、猕猴桃等特色农业以及来料加工、农家乐等特色产业以实现农民增收。

同时，遂昌县积极创新网络营销模式，充分发挥群众智慧。自 2013 年，遂昌县便开始大力发展"赶街模式"，发源于遂昌的"赶街模式"被认为是中国首个以服务平台为驱动的农产品电子商务模式，其本质是以本地化电子商务综合服务商作为驱动，带动县域电子商务生态发展，促进地方传统产业，尤其是农业及农产品加工业实现电子商务化。遂昌县将赶街模式作为农村扶贫的重要产业支撑大力培育，采取多种措施鼓励企业建平台、办服务站、搞培训，政府以购买服务的形式与企业进行合作，实现农民、企业、政府三方的共赢。此外，遂昌县紧跟网络直播带货潮流，积极组织乡村直播活动，借助直播平台向全国各地的网友们介绍遂昌的风土人情、地道美食、优质农产品。遂昌县通过一系列帮扶措施，让遂昌县群众搭上了互联网的'快车道'，乘着"互联网＋"的浪潮，通过网络营销为低收入农户增收，实现了"造血式扶贫"，让遂昌县的绿水青山变成了金山银山。

（二）借助"互联网＋"助推教育扶智

城乡教育资源差距始终是扶贫过程中不可忽视的一大问题，遂昌全县超八成以上的小学位于乡村，且部分乡村前往县城较为困难。近年来，为了解决县内教育资源的差异问题，遂昌县借助"互联网＋"技术，推出了城乡同步课堂、"精准教学"等一系列新举措，以缩小城乡教育资源差异，助推教育扶智。

从 2018 年开始，遂昌县基于"互联网＋"技术，开始探索本县城乡同步课堂这一新型教育模式。同步课堂的核心是教育资源的共享，由遂昌县教育局牵头，遂昌县积极推动县域集团化办学，通过平台教学资源共享，形成了"互联网＋义务教育"的遂昌山区县域特色模式。遂昌在全县范围内建设小微学校联盟、城乡结对联盟、片区联盟、民办反哺公办联盟、县域发展联盟"五联盟"模式，并通过构建以重点学校为核心、帮扶结对普通校的互助网络，借助重点校资源推进实施城乡同步课堂、远程专递课堂、教师网络研修、名师网络课堂、区域走教课堂、师徒结对课堂"六种"网络教学新模式。

与此同时，在教学内容方面，遂昌县推出了"互联网＋"精准教学方案，推进课堂教学与互联网技术深度融合，以教学质量提升推进城乡教育资源的均衡。为帮助教师适应信息化教育背景，遂昌县组织全县 2000 余名教师分学科开展信息化精准教学备课研讨活动，鼓励参训教师积极探索信息技术与课堂教学深度融合的课堂教学新模式，分享各学区教学先进经验，积极总结精准教学的先进经验。遂昌县还鼓励各学校成立信息技术互助小组，鼓励教师利用互联网教育平台进行线上备课，并鼓励教师利用微课等互联网平台辅助教学，提升教师对课堂的综合把握。在硬件设施建设层面，遂昌县以"校校有录播教室，班班有智慧平台，人人有学习终端，处处有无线网络，时时有优质资源"为发展战略，大力推动县域范围内学校 WiFi、电子白板教学一体机的普及，为学校开展精准教学打下了坚实的物质基础，营造了良好的教学环境。在家校沟通层面，遂昌县积极构建家校联系的线上平台，通过微信、QQ 家校群等形式，实现学生家长与任课教师的无缝沟通，共同为学生构建良好的课外学习环境，实现精准教学向课后的延伸。

（三）借助"互联网＋"整合社会资源

为了助推农村电商扶贫事业发展，遂昌县积极利用"互联网＋"技术，整合民间资源。自 2019 年以来，遂昌县实施"互联网＋农村物流"行动，广泛搭建农村电商服务平台，计划用三年时间完成村级农村物流服务点 140 个，实现农村物流全覆盖。截至 2020 年 5 月，遂昌县已建成县级服务中心 1 个、农村电子商务服务站 285 个，实现了行政村全覆盖。除农村物流服务点建设外，遂昌县也积极整合县内资源，优化货源和运力资源使用。遂昌县与国有企业、私营企业、村集体深度合作，充分利用中国邮政、农村供销社、电商服务网点等现有设施资源，以乡村小卖店、超市、各村邮站为主要载体，发展出城乡货运公交、农村物流班车、小件快运等农村新型物流模式，实现了农村物流资源的充分利用，建成了农村物流网络节点多站合一、资源共享的物流模式，并构建起县、乡镇（街道）、村三级农村物流网络节点体系。同时，遂昌县积极探索金融帮扶新模式，遂昌县计划向低收入农户发放具有身份识别和金融服务功能的"丰收爱心卡"，通过信息入网，实现扶贫对象的精准定位，进一步完善扶贫小额信贷制度，并在此基础上采取"财政资金＋会员入股＋银行配套"的筹集方式建立村级资金互助会，提高低收入农户自我积累、互助服务和持续发展的能力。

除整合民间资源外，遂昌县政府也积极借助"互联网＋"技术，整合地方贫困户信息，绘制贫情地图，因地制宜实现精准摸底。遂昌县政府安排党员干部积极下村走访，梳理低收入农户信息，详细记录农户贫困类型、家庭地址、扶贫类别归属等，将党员干部下村走访了解到的低收入农户档案信息统一录入电子系统，并构建农户户码系统，实现农户一人一码，通过扫描二维码即可获取农户家庭情况、农作物种植情况等内容。通过构建网络版贫情地图，可以更有针对性地制定帮扶措施，更好地推进地方精准扶贫。

四、"互联网＋"精准扶贫的"遂昌经验"

（一）"互联网＋产业"培育造血动力

扶贫关键在"造血"，只有培育本地发展动能，才能真正保障脱贫不返贫。遂昌借助"互联网＋电商"的形式成功带动本地农业、旅游业发展，为农民脱贫致富找到新出路。受新冠肺炎疫情影响，传统线下营销模式遭受较大冲击，而与之呈现鲜明对比的是线上购物模式的进一步发展，武汉、青岛、衢州等城市纷纷开始"市长直播"，以助推地方产业的发展。可以预测，在未来的发展中，"互联网＋产业"的模式将得到进一步的发展。各地应当积极利用互联网技术，借助大数据技术分析商业发展趋势，并结合本地区具体情况，因地制宜地发展乡村旅游或特色农业等，帮助低收入农民脱贫增收。在帮助低收入农业明确发展方向后，可以充分发挥政府平台和企业平台的作用，借助平台进行社会推广与宣传，帮助本地产品打开市场，扩大需求，真正让本地产品"走出去"，让农民收入"走进来"。

（二）"互联网＋教育"助推资源共享

扶贫的重心在"扶智"，只有保障农村教育资源不掉队，才能真正打破贫穷的代际传递，为农村发展培育"生力军"。在新冠肺炎疫情期间，网络教育得到了迅速发展，各地纷纷开展网络教育实践，而遂昌在"互联网＋"教学方面积累了较多经验，推出的"互联网＋"精准教学方案更是缩小城乡教育资源差距的成功尝试。在优化农村教育质量的过程中，要优化硬件资源，改善乡村教学环境，在此基础上，通过共享城市优质教育资源，实现城乡共上一堂课，并借助互联网教学平台实现学术学习过程的动态监督，帮助教师更好把握学生动态。在学校之外，地方教育部门也应积极组织教师经验分享会、网络教学研讨会等活动，分享网络教学先进经验，不断优化地方网络教学模式。

（三）"互联网＋政府"提升治理能力

扶贫的主力是政府，只有提升政府治理能力，才能更好地推进精准扶贫政策落实到基层。遂昌县积极利用互联网技术，提升政府治理能力，利用信息系统绘制电子贫情地图，使扶贫政策制定更富针对性。推进国家治理体系和治理能力现代化，需要各级政府转变意识，树立科学意识，实现科学治理。精准扶贫需要数据支撑，需要系统定位。借助系统分析，可以避免数据传递不及时、数据混乱等问题，借助数字化管理，可以细化定位贫困户信息，筛查数据漏洞，防止乱改数据，做到"真扶贫、扶真贫"，让脱贫成效真正惠及贫困群众，真正提升贫困群众幸福感，助力贫困群众"真脱贫"。

参考文献

［1］谢滢. 我国农村精准扶贫政策实施中的问题与对策研究［D］. 西北大学硕士学位论文，2018.

［2］许汉泽. 行政主导型扶贫治理研究［D］. 中国农业大学博士学位论文，2018.

［3］郭晓鸣，虞洪. 具有区域特色优势的产业扶贫模式创新——以四川

省苍溪县为例［J］．贵州社会科学，2018（5）：142-150.

［4］何得桂，钟小荣．贫困治理背景下脱贫攻坚有效实现路径研究——以镇安县"三带四联"模式为例［J］．地方治理研究，2018（1）：65-77+80.

［5］张旸旸．现阶段我国政府开发式扶贫研究［D］．南京师范大学硕士学位论文，2013.

［6］黄承伟，邹英，刘杰．产业精准扶贫：实践困境和深化路径——兼论产业精准扶贫的印江经验［J］．贵州社会科学，2017（9）：125-131.

［7］田如意．精准扶贫过程中政府与村民互动的行为分析［D］．贵州财经大学硕士学位论文，2017.

［8］张梅．江苏省苏北地区扶贫机制研究［D］．南京农业大学硕士学位论文，2014.

［9］张琪烽．河南省精准扶贫方式研究［D］．郑州大学硕士学位论文，2017.

［10］任超，袁明宝．分类治理：精准扶贫政策的实践困境与重点方向——以湖北秭归县为例［J］．北京社会科学，2017（1）：100-108.

［11］孟媛．河南省卢氏县精准扶贫问题研究［D］．郑州大学硕士学位论文，2016.

［12］张岩．我国精准扶贫政策的困境及对策研究［D］．广西大学硕士学位论文，2016.

［13］翁伯琦，黄颖，王义祥，仇秀丽．以科技兴农推动精准扶贫战略实施的对策思考——以福建省建宁县为例［J］．中国人口·资源与环境，2015，25（S2）：166-169.

［14］李鹃．精准扶贫：恩施市龙凤镇的政策背景、实施现状与对策建议［J］．清江论坛，2014（4）：55-58.

文化资源优势转化为产业优势的对策研究

——以偃师为例

周　颖[①]

摘要： 本文基于偃师历史文化资源优势及其开发现状，针对偃师文旅发展中存在的问题，借鉴国内外的发展经验，把偃师优质传统文化资源转化为产业优势，要强化四种意识、实施四大战略、创新三种模式、推进三大工程。即强化市场意识、生态意识、人才意识和规划意识。实施"文旅科＋"战略、品牌集聚战略、人才强基战略、创意驱动战略。借鉴法国卢浮宫产业化、开封股份制合作、国家公园旅游等模式创新发展。推进生态水系优化、基础设施配套、文物保护强化等三大工程。

关键词： 文化资源优势；产业优势；对策

2019年10月19日，洛阳偃师，国家"十三五"重大文化建设项目——二里头夏都遗址博物馆开馆，二里头考古遗址公园同步开园，中国最早的王朝图景得以生动呈现。以此为契机，偃师历史文化优质资源产业化研究受到广泛关注。基于偃师历史文化资源优势及其开发现状，针对偃师文旅发展中存在的问题，借鉴国内外的发展经验，抢抓洛阳建设省际副中心城市与重大区划调整

---

① 周颖，河南省社会科学院博士，副教授。

的机遇，乘借河南发展文旅强省大会的东风，全面增强偃师综合实力和竞争力，把偃师优质传统文化资源转化为产业优势，要强化四种意识、实施四大战略、创新三种模式、推进三大工程。

一、强化四种意识

推进偃师文旅发展再上一个新台阶，必须强化市场意识、生态意识、人才意识和规划意识。

一是市场意识。发展文旅产业，一般的思路是：从资源禀赋出发，找出比较优势，扬长避短，通过各种手段转化成发展优势。但在具体的实践中，需要站在市场的角度策划、谋划。因为优势资源未必是市场的需要，或者说不全满足消费者的需求。偃师独特的资源优势为文旅产业的发展提供了一定的竞争优势，为吸引游客、留住游客、让游客再来消费等提供了必要条件，但它不是偃师文旅产业发展的充分条件。因为旅游并非刚需，发展文旅产业不仅要求文旅产品有吸引力，而且要求相应的基本条件诸如自然环境、生活卫生、基础设施等，都能满足游客需要。发展文旅产业要在满足基本需求的基础上开发特色产品，两者缺一不可。也就是说，要站在游客的角度开发文旅产品，而不是站在开发者的角度开发产品。不仅要把好资源转化成好产品，还要考虑相关配套，考虑文旅产品和游客需求的适配度。

二是生态意识。生态环境是影响旅游的基本要素，绿水青山就是金山银山。偃师作为北方城市，气候干燥，降水较少，要发展旅游业，需要在生态环境的打造上下功夫，可参考开封的五城联创，在发展文旅产业的同时，加强生态文明建设。

三是人才意识。一切人间奇迹都是由人创造出来的，人才是第一生产力。面对偃师文旅产业发展中存在的高端复合型创意型人才、市场营销人才及高级管理型人才相对匮乏，文化旅游产业发展的内生动力不足等问题，政府要强化人才意识，优化人才服务，提升服务效能，以高质量的人才队伍，为偃师文旅企业高质量发展构筑核心竞争力。

四是规划意识。规划是纲，纲举才能目张。做好规划，关键在策划。好的策划，要选准突破口，抢占制高点，居高临下，势如破竹，如庖丁解牛，迎刃而解。目前偃师在文旅产业发展方面有想法但思路模糊，有行动但效果不显。为了用好偃师优质历史文化资源集聚存在的独特资源优势，要强化规划引领，坚持规划先行。强化规划意识，要注意统筹发展，留足产业发展空间，一张蓝图绘到底。切忌朝令夕改，画地为牢，削足适履，让规划限制了文旅产业发展。

二、实施四大战略

推进偃师文旅产业快速发展，重点要实施"文旅科+"战略、品牌集聚战略、人才强基战略、创意驱动战略。

1. 实施"文旅科+"战略，抓好顶层设计和任务落实

顶层设计关键在科学定位，明晰重点。偃师文旅产业发展定位，主要包括文化定位、产品定位、产业定位、战略定位等。

关于文化定位，偃师传统文化资源的特殊优势非常明显，其代表性、延续性、不可取代性和屈指可数的地位，使偃师在推进文旅产业的发展中难做取舍，似乎啥都可以做，啥都不忍放弃。但任何作品都要有主题，文旅产品也是如此。偃师文旅产业可以在不同时期有不同的主题，但每个时期只能有一个主题，有主乐和配乐，交相呼应，才能收到恢弘的交响效果。从偃师文化资源的地位和开发成本来看，应该紧抓二里头遗址公园建设，叫响"夏都二里头"文化品牌，加快"夏都二里头"文旅产品开发，让"夏都二里头"带领偃师走出去。以此为契机，有序推动国字号文化资源的产业转化，打造偃师文旅产业的尖刀连、排头兵，使其成为偃师走出去的开路先锋，以强大的阵势，抢占

偃师未来发展的制高点。关于产品定位，要实现文旅产品由观光型产品向观光休闲复合型转型。关于产业定位，要实现由单一型产业向融合产业发展转型。关于品牌定位，要立足一流资源做一流品牌，顺应河南文旅发展大势，建设国际知名的深度体验型文旅目的地。

关于发展重点。以二里头遗址博物馆文化旅游为突破口，以国字号文旅产品打造为排头兵，按照先易后难的顺序，梯次推进，带动文旅产业集团式发展，实现重点突破。实施"文旅科+"战略，其主要目标是发展基于优质历史文化资源的"第六产业"。即以文化为魂，以旅游为载体，以科技为手段，以"+"为纽带，把文化、旅游、科技和相关的一产、二产对接起来，做好特色配套，做大做强特色品牌，做足产业综合体，形成经济高质量发展和社会正能量互促共进的生动局面。具体来说，比如二里头遗址博物馆，馆中有原始农业的种子标本、原始牧业的牲畜标本、原始手工业的青铜铸造技术等，对照科学发展观和新时代人们对美好生活的新需求，结合疫情后人们对生命、生存、生活的关注，我们可以从中挖掘出生态、健康、养生等文化元素，借助高科技、大数据等，发展观光农业、可追溯有机农业等，用博物馆中的"种子文化""牲畜文化"等引领农业产业转型升级，纵向发展闭环经济，实现农业种植、养殖、加工、销售、研发等全产业链的发展，横向发展产业集群，通过农业旅游、牧业旅游、康养游等增加传统大农业产业的附加值，做好吃住行游购娱等特色配套服务，比如"先民健康饮食""先民居住旅游"等，打响二里头生态、有机、健康、养生大品牌。以此类推，让偃师的历史文化资源从历史中走出来，走进人们的生产和生活，在满足、引领人们对美好生活需求的同时，实现偃师经济社会的高质量发展。

2. 实施品牌集聚战略，提升偃师文旅产业发展品质

培育一批以文化创意为核心竞争力的品牌企业，打造一批层级不同的以文化创意为核心的产业园区，开发系列主题旅游线路，形成包括品牌企业、品牌园区等在内的品牌集聚，形成辐射周边区域的三产联动式的文旅产业一体化发展大格局，让品牌为新局面的打开保驾护航。

实施整体化招商。具体来说，要围绕二里头文化资源优势，发展文旅产

业，形成不同层次的产业支撑群，包括与旅游产业直接相关的六大要素（食、宿、行、游、购、娱）所涉及的各产业部门，以及与旅游产业间接相关的各个产业部门及其区域环境等。通过产业链的整合、食宿行游购娱配套产业的完善、相关产业的融合等，共享优势资源，共享品牌资源，形成现代产业体系，发展文旅产业航母，抱团取暖，做大做强文化旅游品牌。

鼓励引导产业融合。偃师政府要出台相应的优惠政策，对实施融合、融合有效的企业给予相应的扶持、奖励，以期实现集聚效应。

实施捆绑式品牌营销。结合偃师对外的整体宣传推介，要强化品牌意识，统筹宣传资源，形成品牌宣传、城市宣传、营销宣传互为支撑的大格局。

3. 实施人才强基战略，创新人才工作，提升偃师文旅产业核心竞争力

产业的核心竞争力是人才。提升偃师文旅产业核心竞争力重在打好人才根基。要聚焦项目，围绕重点项目面向全球招才引智，不拘一格用好人才。要重点培育有企业家精神、勇担社会责任的经营管理人才，通过他们强大文旅市场主体，引领经济社会高质量发展。要用好文艺创作者、文化创意设计者、科技工作者等类人才，通过专业文艺创作者，深挖文旅产品的内容，讲好特色故事，帮助文旅企业用高品质的内容支撑高品质的产品，使游客在游玩中获得净化灵魂、提升境界、引领精神的体验，让企业用拥有自主知识产权的具有核心竞争力的原创产品巩固、开拓市场；通过文化创意设计者，多形式地对原创内容进行再创作、再解读，从满足客户的五感六觉上下功夫，开发出可供游客全方位体验的延伸产品、潜在产品等，增加产品的附加值；通过科技工作者，用高科技活化优秀文化，增强文旅产品的体验感，满足游客的时代需求。与此同时，实行智能化生产、销售，帮助企业提升产业运营效率等。要重点完善人才供求信息平台，畅通人才使用渠道，做好人才使用过程中相关考核对接等，确保专才专用，效益最大化，实现要素所在单位与企业的无缝对接、有效合作。用一流的人才服务打造一流的人才队伍，用一流的人才队伍创造一流的发展业绩。

4. 实施创意驱动战略，提炼文化内涵，让偃师文旅产业亮起来

提炼文化内涵要做到"三化"，即文化的"原生化""差异化"和"时代

化"。关于"原生化",就是要保护好带根的、不能移动的旅游吸引物,让游客有亲临实地的真体验。关于"差异化",不仅要定性地研究文化的差异性,还要定量地研究文化差异性的大小,要用足够强大的差异性,对游客产生超强的吸引力,吸引并留住游客。关于"时代化",要紧扣时代脉搏,强化审美解读,推动文化发现创造价值与旅游体验分享价值的结合,让深奥的文化通过"审美解读"美起来,从小众走向大众;让"死"的资源通过故事"活"起来,比如,讲好"大遗址保护工程"中的"国"的故事,让"静"的物借助科技手段"动"起来,为物质文化招魂,为精神文化找体,创造性转化、创新性发展,用时代形象、时代语言,对接时代需求,力求产生超时空共鸣,实现优秀文化的传承和发扬光大。杜绝用照搬、猎奇等获得市场叫好,要以社会主义核心价值观为标尺,精选文化旅游资源,涵养、精耕文化旅游土壤,确保高质量文化供给。

让偃师文旅产业亮起来,首先,要塑造认得出、叫得响、记得牢的偃师文旅形象,比如叫响"文脉圣地,和谐偃师"的宣传口号等。其次,要加大偃师的宣传推介力度,为此可实施两条腿走路:一是把以"夏都二里头"为代表的国字号资源作为开路先锋,依靠"早期中国研究中心",借助国内外相关领域一流的专家学者的研究成果,让明星资源带着偃师走出去;二是利用跨境的大遗址如邙山陵墓群遗址、隋唐大运河遗址、丝绸之路遗址、茶马古道遗址等的宣传,借船出海。

三、创新三种模式

企业赢在商业模式创新,产业发展模式的选择一样影响着产业的走势。针对偃师文旅产业发展中存在的保护开发机制不畅;守着价值极大、知名度很高的历史文化资源"金饭碗",苦于找不到开发利用的有效途径;历史文化资源转变为产业发展优势的渠道不通畅等问题,可实施"保护+产业配套"的开发模式；针对投资体制过分依赖于国家文物保护专项资金，预算内旅游投资不足，资本运营水平和效率较低，远不能满足开发需要等问题，可实施资源资产化融资模式，健全多元化投资渠道。

一是可参考法国卢浮宫产业化等模式。法国卢浮宫产业化道路突出特点是博物馆的现代化和人性化，增加了博物馆文化创意产品售卖店、经营博物馆出版物及其衍生品的大型书店、创意餐厅、咖啡厅、休闲娱乐场所，与博物馆主题相关的游戏区、会议室、体验式视听室等基础设施以及通往购物中心的商业街。这种产业化经营模式因关切到大众的生活需求而备受欢迎。

二是可参考开封股份制合作模式。通过股份合作形式，实现了资源、资金、人才等的有效整合，有效推进了开封文旅产业的发展。

三是可参考国家公园旅游的发展方式。国家公园旅游以国家公园体制和国家公园品牌为基础。国家公园体制在权、钱方面的制度保障有利于国家公园旅游生态保护和全民公益两方面目标的实现，而国家公园品牌则可依托国家公园特色小镇，构建国家公园品牌增值体系，实现资源环境的优势转化为产品品质的优势，并通过品牌平台固化推广体现为价格优势和销量优势，最终在环境友好和社区参与的情况下实现单位产品的价值明显提升，亦即实现绿水青山向金山银山的转化。

四、推进三大工程

文旅产业的发展是企业的事，也是政府的事。推进偃师文旅发展上台阶，政府要重点做好生态水系建设、文旅产业配套基础设施建设和文物保护工程等。

一是做好生态水系建设。偃师境内有伊河、洛河穿境而过，并且在此交汇，水的灵性为偃师文旅产业的发展增添了生机。偃师应借助当前洛阳创建黄河保护治理示范区、国家生态文明建设示范市、国际文化旅游胜地的契机，抢抓黄河流域大开发、大整治这一重要机遇，加强伊河、洛河水资源保护，进一步对伊河、洛河两岸生态环境进行提升改造，扮靓商城遗址、二里头遗址、汉魏故城遗址等河洛文化地标，打造偃师诗和远方的文旅名片。同时，依托大运河保护和通航需要，开发洛河、伊河水上旅游线路，推动三大遗址与大运河文化旅游的融合发展。主要是在航道和码头建设时，与河道沿线遗址和主要旅游景点相结合，做好统一规划和建设。利用水运把生生不息的生态长河和悠久灿烂的华夏文明及古都风情长廊紧密融合在一起，为游客提供一种新的旅游体验。

二是完善文旅产业配套基础设施。配套基础设施的完善，是游客的基本需求，是发展文旅产业的基础，是文旅产品的硬件。它虽不是文旅产业发展的核心竞争力，但又不能忽视。要在科学规划的前提下，依照定位，制定标准，围绕景区提升改造，不断完善游客服务中心、旅游公厕、道路、停车场等基础配套设施，确保满足游客的基本需求。但要注意在装修风格、颜色、字体等方面保持一致，擦亮品牌。

三是推进文物保护工程。做好文物保护工作是发展文旅产业的前提。偃师要推进文旅产业上台阶，就要积极推进二里头遗址申遗工作，提升二里头的文化价值，加强文物保护力度，为偃师文旅产业培育优质种子。

参考文献

［1］周颖．河南文化发展报告（2020）·文化与旅游融合发展［M］．北京：社会科学文献出版社，2020.

［2］张广海，李苗苗．中国考古遗址公园保护利用研究综述［J］．中国园林，2016（5）：113-116.

［3］杨帆．浅议博物馆文化产品的开发及营销——以大英博物馆和卢浮宫博物馆为例［J］．故宫博物院院刊，2013，168（4）：20-28.

浚县文化产业发展浅议

李　龙①

摘要： 在分析浚县文化资源的基础上，分析浚县文化产业发展的现状和瓶颈，提出了搞活文化产业体制机制，抓住国家文化战略的历史性机遇，发挥文化旅游的主导性优势，加大文化企业资源整合力度，加快民俗文化保护步伐，搞好人才的引进与培养工作等推动浚县文化产业发展的对策建议。

关键词： 文化产业；对策建议；浚县

浚县是河南唯一的县级国家历史文化名城，历史悠久，文化资源丰富，具有得天独厚发展县域文化产业的优势与潜力，笔者尝试就此问题谈谈自己的浅见。

一、浚县文化资源的特点

（一）文化资源数量多

浚县文化资源丰富，其中有全国重点文物保护单位 5 处 15 项，省级重点

---

① 李龙，河南省社会科学院历史与考古研究所副研究员。

文物保护单位 7 处 13 项，市县级重点文物保护单位 100 余处，优秀历史建筑单体及院落 50 余项，重要城市历史环境要素及遗存、遗迹 10 余项。国家级非物质文化遗产 4 项，省级非物质文化遗产 10 项，市县级非物质文化遗产 50 余项，涉及 35 个门类 1200 多个品种。

（二）文化资源种类全

浚县物质文化遗存有黎阳古城遗址、黎阳仓、云溪桥、浚县古城城墙、大伾山大佛与唐宋石窟雕刻、浚县县衙、自贡后裔豫商故宅等，包含古运河文化、黄河文化、古城文化、名人文化和重大历史事件文化元素。非物质文化遗产有泥咕咕、大平调、社火、古庙会、黄河古陶、浚县石雕等，涉及庙会文化、宗教文化、民间工艺美术与乡土饮食文化等。

（三）文化资源知名度大

大运河浚县段是河南大运河文化带建设不可或缺的关键一环，作为我国大运河文化遗产核心区，黎阳仓是大运河世界文化遗产的重要组成部分；大伾山大佛是我国北方最早、最高的弥勒大佛；正月大伾山庙会是河南北部规模最大的古庙会，等等。

（四）文化资源分布密度高

浚县的文化资源，主要分布在浚县古城范围内，以古城为中心，形成了文化资源的富聚区，是发展县域文化产业的主要资源空间。而在古城外围的乡村，分布有泥咕咕、黄河古陶、浚县石雕等民间工艺美术，可借以发展乡镇文化产业。

（五）文化工艺传承名人多

浚县现有联合国授予的民间艺术家称号 3 人，中国民间工艺美术大师 8 人，高级工艺师、工艺师及技师 400 余人，其他直接或间接从事文化产业的熟练工人 4 万余人。

二、浚县县域文化产业发展现状与瓶颈

（一）浚县文化产业发展现状

近10年来，浚县县委、县政府高度重视文化事业与文化产业的发展，并取得了比较突出的成效，具备了文化产业布局的雏形。

文化事业方面，初步形成了网络健全的公共文化体系，以县图书馆、文化馆为重点，推进乡镇文化站、社区文化点以及农村新型农民书屋建设。培育了豫剧团和大平调团两大专业剧团，扶持了20余个民间剧团，推动开展了2个大型民间庙会活动。并按照"新人新办法，老人老办法"初步改制了全县文化事业单位，逐渐改善了全县文化事业发展的困局。

文化产业方面，浚县坚持"小商品，大群体"的理念，立足"名胜古迹"，依靠"名人名艺"，以项目带动为依托，文化资源整合为动力，文化品牌塑造为目标，初步形成了文化旅游及泥塑、石雕石刻、古陶、柳编及工艺制镜等文化支柱产业。2018年，全县文化产业从业人员5.5万余人，同比增长7%，文化旅游收入8000余万元。早在2005年浚县石雕城被河南省文化厅命名为"河南省文化产业示范基地"，有生产厂家400余家，产值1.3亿元。以张希和"泥猴张"泥咕咕为代表，小泥巴玩出大产业。2019年泥塑专业户60余户，泥塑作坊20余家，实现产值2000多万元。黄河古陶系列产品镂空牡丹、九龙瓶、四羊方尊等是河南著名的文化产品，远销中国香港、中国台湾、新加坡、日本等地，年产值超2000万元。

浚县在前期文化产业零散发展的基础上，目前初步形成了四大文化产业聚集园区，即石雕产业聚集区、泥塑原生态文化村、紫金山民俗文化园及浚县古城保护与开发区。前三者目前初步建成并投入了生产，浚县古城保护与开发区是目前浚县重点建设项目，根据《浚县古城保护与旅游发展总体规划》，该项目投资 50 亿元，包括浮丘山文化旅游综合开发、浚县古运河景观带以及古城修复保护等项目，力图建成"隋唐大运河上的民间艺术古城"。

（二）浚县文化产业发展瓶颈

随着《大运河文化带建设总体规划》的实施与"黄河流域生态环境保护与高质量发展"规划落地，浚县受到两大国家战略的加持，县域文化产业发展机遇前所未有。然而经历以前十几年的发展，目前面临着文化产业发展的瓶颈。

1. 体制不活

尽管浚县在前几年进行过文化事业单位改革，一定程度上缓解了文化产业发展过程中的矛盾与障碍。但在文旅融合的新背景、新要求下，文化产业发展的体制机制还过于死板，具体表现为：一是以大伾山为代表的丰富历史文化资源开发不够，融入旅游发展的程度不深，全县的旅游收入与国家级历史文化名城身份不相称。显然，旅游、文化、文物、宗教等多头管理问题没有得到最终解决。二是浚县古城保护开发项目进展迟缓，从规划到实施已经进行了数年，目前依旧处于改造、重建阶段。民间资本进入缓慢，导致效率低，收益周期拉长。

2. 认识不深

文化产业作为朝阳产业，在浚县县域内依旧被认为是政府的事，有关部门的事，相关老板与作坊的事，或认为是"赔钱赚吆喝"的事，认识不深，干劲不足，没有形成良好的文化产业发展氛围。

3. 站位不高

文化产业的发展因历史文化资源区域一致性而具有很大的关联性，文化产业做大做强需要整体开发，跨县域抱团发展，以便叫响文化品牌。目前浚县的县域文化产业发展还只限于县域，满足于县域内的一亩三分地。最突出的是大运河浚县段的发展规划没有与近在咫尺的滑县道口镇运河规划相协调统一，导致两地大运河文化带建设规划重复，特色雷同，甚至暗地里互相拆台。

4. 利用不足

浚县历史文化资源丰富，种类多样，可进行文化产业创新转化的空间巨大。但作为国家级历史文化名城和民间艺术之乡，文化资源利用效率低下，缺乏与市场需求的有效衔接。表现突出的是黎阳古城文化资源的长期闲置，民俗文化资源创新转化不足，正月古庙会声势大、效益低等问题。

5. 规模不大

浚县文化产业尚处于发展的初级阶段，旅游业还依靠"门票经济"与"香火经济"，产业链延长不够。民间文化艺术技艺转化层次低。以"手工业作坊"为主导，工业化程度低，尤其融入的现代高科技手段少，一个产业园号称入驻企业400家，实际上都是以小家庭为单位的手工作坊，解决了劳动就业问题，却无法聚集成团发展，更无从培育文化产业品牌。

6. 人才不够

浚县由于地处豫北，虽然紧邻鹤壁，却由于经济环境等原因，长期缺少支撑文化产业发展的必要人才，尤其是文化创意人才和文化宣传人才，以致难以激发深厚文化底蕴的创新发展能量。

三、浚县县域文化产业发展的几点建议

浚县文化产业尚处于发展的初级阶段，即还处于耕种阶段，远远还未到收获的季节。要搞好浚县文化产业的发展，还必须做好一系列基础性工作。

（一）搞活文化产业体制机制

在国家文旅融合政策支持下，融化文物、文化、环保、宗教等多头管理的障碍，盘活以大伾山为代表的丰厚文化资源，加大旅游开发力度。敞开闸门，正确引导民营资本进入文物单位，加快建设浚县古城恢复保护工程及浚县古运河景观带工程。

（二）抓住国家文化战略的历史性机遇

浚县要抓住《大运河文化带建设总体规划》与"黄河流域生态环境保护

与高质量发展"规划的机遇，将县域文化产业发展置于两大国家战略的蓝图中。将黎阳仓、黎阳古城等大运河文化资源与滑县道口古镇、卫辉运河文化资源等整合起来，整体性成片保护与开发，着力培育"千年运河""天下粮仓""民俗民艺古城"等品牌，实现文化、旅游和生态共生共融，打造中原地区运河水城，将大运河浚县段建设成全国运河生态文化旅游融合发展试验区和示范区。在黄河文化保护与开发过程中，将浚县黄河故道遗迹、大伾山大佛、碧霞宫以及唐宋石窟、雕刻遗迹等文化资源，纳入到国家黄河文化公园建设的构架之中，体现黄河文化的浚县价值。

（三）发挥文化旅游的主导性优势

文化旅游在浚县旅游发展中占绝对主导地位，也是推动浚县文化产业发展的重要途径。要整合旅游线路，充分发挥浚县名山与古城资源的地位与作用。

一是充分发掘两山历史文化资源，开发大伾山、浮丘山佛教、道教等宗教文化游线路。

二是尽快完成浚县古县城的恢复改造工程，打造明清古城游精品线路。

三是依托大运河浚县段的云溪桥、码头、黎阳仓等遗迹，开辟中原运河水城游线路。

四是结合浚县的石雕、古陶、泥塑工艺园等文化园区生产建设，推动旅游与文化产业相融发展。

（四）加大文化企业资源整合力度

浚县虽然规划建设了石雕产业聚集区、泥塑原生态文化村、紫金山民俗文化园等文化产业片区，由于入驻的企业规模小，甚至是家庭作坊式企业，难以形成规模，发挥聚集效应，形成龙头企业。必须在政府主导下，以资本为纽带，以资金、工艺技术为股本形式，选择石牌坊、泥咕咕为代表，组成大型股份制石雕产业集团公司、黄河古陶艺术股份有限公司、泥塑股份有限公司，进一步发挥张希和、张学英、王沛雨、朱运良等民间工艺大师的名人效应，塑造民间工艺的浚县品牌。

（五）加快民俗文化保护步伐

浚县民俗文化资源丰富，是文化产业发展的重要基础。要加大民俗文化资源的研究与开发力度，建设民俗文化开发、展示中心。将正月庙会、民间工艺、民间社火、大伾山古乐、大平调等乡土符号有机结合，突出非物质文化遗产的魅力，展现儒释道等民间信仰，营造民俗文化氛围，为人们提供体验民俗文化生活的场所。

（六）搞好人才的引进与培养工作

浚县文化产业的发展，最大的短板在人才。首先，聘请懂文化资源开发的专家为顾问，指导文化资源的开发，营造足够的文化产业发展氛围。其次，引进文化产业企业，包括文化创意人才，助力浚县的历史文化资源的创新性转化与利用。再次，加大文化产业人才的自我培养，包括向郑州大学、河南大学等省内外高校委托人才培养。最后，加大对各类非物质文化遗产传承人的培养与帮扶力度，以免珍贵文化遗产出现"断线"失传危机。

以传承红色基因凝聚老区振兴发展动力的逻辑基础与实践路径

张　沛①

摘要：2019 年 9 月，习近平总书记调研指导河南时提出了"把革命老区建设得更好、让老区人民过上更好生活"的重大要求，对加快推动大别山革命老区振兴发展作出重要指示。大别山革命老区是"红军的故乡，将军的摇篮"，曾为中国革命做出了重大牺牲和贡献。红色基因是大别山革命老区最鲜明的精神底色，彰显着党的初心使命、凝结着党的优良作风、铭刻着党的光荣传统、熔铸着党的精神品质，是激励我们砥砺前行的强大动力。新时代更好地传承红色基因，弘扬大别山精神，对于开创老区振兴发展新局面，奋力实现"两个更好"意义重大。

关键词：大别山革命老区；振兴；红色基因

一、以传承红色基因凝聚老区振兴
发展动力的历史逻辑

红色基因是流淌在共产党人血脉中，使我们党永葆生机的生命密码，是积

---

① 张沛，河南省社会科学院政治与党建研究所助理研究员。

淀在老区沃土上，与老区共存共荣的精神标记。党的十八大以来，习近平总书记多次强调，要把红色资源利用好、红色传统发扬好、红色基因传承好，让革命事业薪火相传、血脉永续。2019 年 9 月，习近平总书记调研考察河南时强调："要把红色基因传承好，确保红色江山永不变色"，再次向全党全社会注入传承红色基因、不忘初心使命的坚定信念。

大别山有着光荣革命历史。1921 年 11 月，中共一大代表陈谭秋建立鄂豫皖边区第一个党小组，此后大别山各级党组织不断发展壮大。1927 年"八七会议"后，我们党领导大别山区的农民自卫军和义勇军接连发动多次武装起义，逐步创建了鄂豫皖革命根据地，创立多支红军主力，红四方面军、红二十五军、红二十八军都在这里诞生。1934 年，红军主力长征后，大别山军民在党的领导下，不屈不挠地进行艰苦卓绝的游击战，保证了大别山革命火种不灭。解放战争时期，刘邓大军 12 万余人千里跃进大别山，创建了大别山革命根据地，实现了由战略防御向战略进攻的历史性转折。

从 1921 年中国共产党诞生到 1949 年新中国成立，大别山军民在党的领导下前赴后继、浴血奋战，全区先后有 200 多万人参军参战，有近 100 万英雄儿女为革命牺牲，用鲜血和生命创造了 28 年红旗始终不倒的革命奇迹，铸就了"坚守信念、胸怀全局、团结一心、勇当前锋"的大别山精神。这一精神同井冈山精神、延安精神、西柏坡精神等一起统称为革命老区精神，都是我们党的宝贵精神财富。习近平总书记指出："革命老区是党和军队的根，我们永远不能忘记自己从哪里走来，永远都要从革命的历史中汲取智慧和力量。"大别山精神中积淀着最宝贵的红色基因。这一伟大精神承载着中国共产党人的初心和使命，要求一切往前走的共产党人，永远不能忘记自己从哪里走来，走得再远都不能忘记来时的路；不能忘记为什么出发，不能忘记党的宗旨和崇高革命理想；不能忘记人民是我们党的根基所在、血脉所在、力量所在，不能忘记同人民群众心连心、同呼吸、共命运的光荣传统，不能忘记党团结带领人民进行革命、建设、改革的根本目的就是为了让人民过上好日子；不能忘记时代是出卷人、我们是答卷人、人民是阅卷人，我们党"赶考"永远在路上。大别山精神及其所蕴含的红色基因，镌刻着革命先烈们的赤胆忠诚与奋斗牺牲，是激励我们新时代赓续光荣、推动老区振兴发展的最宝贵的精神财富。

二、以传承红色基因凝聚老区振兴 发展动力的现实逻辑

伟大的斗争催生伟大的精神，伟大的精神成就伟大的事业。党领导大别山军民在长期的革命斗争中，铸就了彪炳史册的大别山精神。作为我们党伟大精神的重要组成部分，大别山精神有着丰富的内涵，饱蕴着红色基因。目前，全面建成小康社会已进入决胜阶段。加快大别山革命老区振兴发展，确保老区人民同全国人民一道进入全面小康社会，是党和政府义不容辞的责任。加快大别山革命老区振兴发展，必须要有强大的精神动力作支撑。而大别山精神中蕴藏的红色基因正是推动大别山老区振兴发展的强大动力。

一是坚守信念、百折不挠的奋斗精神里彰显着党的初心使命。大别山精神的核心就是对共产主义崇高理想的执着追求。十月革命后，董必武、陈潭秋等中国共产主义运动先驱就开始在大别山区传播马克思主义。此后，从大革命时期到解放战争时期，大别山军民始终坚守马克思主义信仰，历经曲折而不畏艰险，屡受考验而不变初衷，靠的就是坚定的理想信念和百折不挠的奋斗精神。大别山军民坚守信念、百折不挠的奋斗精神就是红色基因的灵魂，是对我们党初心使命的最好注解。新时代实现老区振兴发展，仍然要继续传承和弘扬这种革命精神。"革命理想高于天。"只有坚定革命理想信念，我们共产党人才能挺立在老区振兴发展的最前列，并为之进行百折不挠的斗争，才能把革命老区建设得更好，让老区人民过上更好生活。

二是胸怀全局、勇挑重担的奉献精神里凝结着党的优良作风。革命战争年代，大别山老区的党和军民始终以革命大局为重，为了革命需要和全局利益勇挑重担，无私奉献。这种奉献精神在残酷的斗争环境中极为重要。大别山老区从 1921 年到 1949 年的 28 年间，先后经历 4 次主力部队转出。每一次主力离

开后仍有武装力量在这里坚持斗争，在敌我双方的拉锯战中，为共产党发展和新中国的成立付出巨大牺牲，用对党的无限忠诚和对革命事业的无私奉献，诠释了党的优良作风。新时代实现老区振兴发展，这种奉献精神和优良作风仍然不可或缺，需要继续发扬光大。党员干部只有把老区人民的利益放在首位，把老区群众过上更好生活作为自己的最高追求，淡泊名利、勇挑重担，忘我工作、无私奉献，才能把习近平总书记提出的"两个更好"要求落实落细，变为现实。

三是依靠人民、万众一心的团结精神里铭刻着党的光荣传统。大别山老区的革命史，就是党与人民群众同甘共苦的奋斗史。在艰难的岁月里，大别山区党组织和红军部队，始终同革命老区人民同甘苦、共命运，与那里的群众建立了血肉相连的党群、军民关系，筑起了任何力量也打不破的铜墙铁壁：党一心为民，大别山广大穷苦人民第一次分到土地，成为社会的主人；人民一心向党，倾其所有参军参战、支援红军。这种依靠人民、万众一心的团结精神是红色基因的生存之根，是党光荣传统和政治优势的具体体现。群众是真正的英雄。新时代实现老区振兴发展，仍然要坚持走群众路线，紧紧地依靠老区人民。只有把老区人民团结在党的周围，万众一心地实现老区振兴发展，习近平总书记提出的"两个更好"的目标要求就一定能够实现。

四是自强不息的、勇当前锋的进取精神里熔铸着党的精神品质。新民主主义革命过程中，大别山党和军民遇到了许多艰难险阻，几度陷于曲折困境，但始终保持自强不息、勇当前锋的宝贵精神。靠着对武装割据道路和游击战术的创造性探索，老区军民自强不息、越挫越勇，战胜一个又一个困难，使革命红旗始终在大别山上飘扬。刘邓大军挺进大别山后，因地制宜制定土地政策和工商业保护政策，创造了深得毛泽东欣赏的"大别山经验"。把马克思主义和大别山革命具体实践结合起来，不断创新探索，大别山党和军民的进取精神生动诠释了党的高贵精神品质。新时代实现老区振兴发展，这种进取精神仍然不能丢。实现老区振兴发展，目前还面临着许多困难。只要坚持一切从实际出发，以自强不息的精神推进创新发展，就一定能够克服种种困难，胜利实现老区振兴发展。

三、以传承红色基因凝聚老区振兴
发展动力的实践路径

习近平总书记强调，全面建成小康社会，没有老区的全面小康，没有老区贫困人口脱贫致富，那是不完整的。实现老区振兴发展，把革命老区建设得更好，让老区人民过上更好生活，承载着党的初心和使命，也是当年大别山革命根据地党和红军为之浴血奋战的理想信念。大别山革命老区处于国家连片特困地区，全省脱贫攻坚的硬骨头，要实现与全国全省同步全面建成小康社会，任务艰巨。红色基因是革命精神之魂，凝结着党带领广大人民艰辛探索、浴血奋战的光辉历史，承载着坚定的理想信念、优良的作风纪律、先进的制胜之道，能够激发共产党人永不懈怠和一往无前的奋斗姿态。开弓没有回头箭，攻坚关头勇者胜。我们不能有任何放松懈怠，更不能有丝毫畏难情绪。要继承大别山革命先烈的理想，传承红色基因，为老区振兴发展凝聚精神动力。

一是坚定老区振兴发展信念。红色基因是一种精神象征，不仅能培育我们勇挑重担、攻坚克难的责任担当，而且能够为我们在推进新时代老区振兴发展的征途上提供精神指引。在革命建设改革实践中，一代代共产党人用红色基因中激发出的伟大精神力量来推进伟大事业行动，书写了一个个"奇迹"。历史告诉我们，红色基因是指引着我们攻坚克难的致胜法宝。进入新时代，我们要沿着革命先辈的步伐，把红色基因内化于心、外化于行，保持坚如磐石的信念、只争朝夕的劲头和坚忍不拔的毅力，以习近平新时代中国特色社会主义思想为指导，强化责任担当意识，提振干事创业精气神，切实担负起时代赋予的光荣使命。

二是塑造老区振兴发展先锋队伍。党员干部是党履行执政使命的主体，拥有红色基因的干部队伍最有战斗力。习近平总书记指出：要让广大党员干部知道现在的幸福生活来之不易，多接受红色基因教育。历史是最好的教科书，也是最好的营养剂。大别山革命老区在艰苦卓绝斗争历史中孕育形成的红色基因，正是生成党员干部战斗力的不竭源泉。党员干部要从红色基因中汲取养分，将其转化为推动老区振兴发展的战斗力，树牢"四个意识"，守住清廉底线，以敢为人先的锐气、自我革新的勇气和奋发有为的状态，做无私奉献的忠实践行者，当好推动老区振兴发展的"排头兵"。

三是要凝聚老区振兴发展合力。红色基因富含精神力量是历史的、具体的，是可感知、可传承的，既能教育党员干部，又能凝聚民心民力。今天，加快老区振兴发展，离不开人民群众的参与支持。新时代实现老区振兴发展，要坚持走群众路线。要深入群众倾听群众呼声，坚决克服工作中的形式主义官僚主义；要直面群众关切，树立问题导向、需求导向，把群众的事情办实办好；要调动广大群众的积极性，拓展凝聚民智的方式方法，汇聚起老区振兴发展强大合力。这种合力一经触发，必然激发出丰沛的信心勇气、释放出恒久十足的动能，支撑引领老区振兴发展的航船顺利向前。

四是要创新老区振兴发展思路。创新是我们国家进步的灵魂，也是老区振兴发展的动力源泉。习近平总书记强调，创新是引领发展的第一动力，抓创新是抓发展，谋创新是谋未来。实现大别山老区振兴发展，既要有勇于创新、善于创新的睿智和胆略，着力实施创新驱动发展战略，抓好创新驱动重大工程，完善创新创业服务体系，向创新要活力；又要有自强不息、排除万难的进取精神，用好红色资源，做强绿色产业，培育一批特色产业、特色小镇，向特色优势要竞争力，激活老区振兴发展的内生动力。

参考文献

[1] 习近平在庆祝中国共产党成立 95 周年大会上的讲话 [N]．人民日报，2016 - 07 - 02（02）．

[2] 习近平在纪念马克思诞辰 200 周年大会上的讲话 [N]．人民日报，2018 - 05 - 04（01）．

[3] 孙伟．大别山精神的深刻内涵 [N]．学习时报，2020 - 05 - 08（05）．

〔4〕苏敬装. 传承红色基因　汇聚复兴伟力〔N〕. 学习时报，2020 - 03 - 23（06）.

〔5〕潘怀平. 传承和弘扬红色基因〔N〕. 光明日报，2018 - 07 - 03（06）.

〔6〕牢记嘱托扛牢老区振兴发展历史使命　在实现"两个更好"上迈出更大步伐〔N〕. 河南日报，2020 - 06 - 06（01）.

全面建成小康社会背景下保障和改善民生的价值理念、成效及启示[*]

——以广西巴马特色小镇建设为例

张跃平　周　梨[①]

摘要： 党的十八大以来，以习近平总书记为核心的党中央创造性地提出了一系列保障和改善民生的新理念。[②]广西巴马瑶族自治县在坚持习近平新时代中国特色社会主义思想的指导下，结合发展的实际情况，探索出一条保障和改善民生的发展之路——巴马特色小镇建设。在全面建成小康社会的背景下，巴马通过挖掘自身发展优势，进一步深化改革开放、鼓励创新发展、制定优惠政策推动巴马经济社会持续向好，为助力打赢脱贫攻坚战注入新动力。本文通过系统分析巴马特色小镇建设中保障和改善民生的价值理念和取得的成效，并总结其经验，为其他地区以小镇建设带动经济发展提供可参考的理论和实践意义。

关键词： 全面建成小康社会；民生；巴马特色小镇；生态；脱贫攻坚

"民生"一词最早出现在《左传·宣公十二年》，即"民生在勤，勤则不

　＊　2017年自治区级和国家级大学生创新创业训练计划项目"广西特色小镇旅游资源整合与开发的调查与研究"（201713830013）。

　①　张跃平，西南财经大学马克思主义学院在读硕士研究生。周梨，西南财经大学马克思主义学院在读硕士研究生。

　②　张远新. 新时代党保障和改善民生的理念创新探析［J］. 理论探讨，2020（3）：41-46.

匮"。在 20 世纪初期，孙中山做了新解释，即"民生就是人民的生活"①。在我们党的发展史上，不同阶段的国家领导人都对民生有着重要论断。毛泽东强调"全心全意为人民服务"；② 邓小平强调"一心一意为人民服务"；③ 江泽民强调"要始终代表中国最广大人民的根本利益"；④ 胡锦涛强调"坚持以人为本"。⑤ 当前，习近平总书记指出："我们的人民热爱生活，期盼有更好的教育、更稳定的工作、更满意的收入、更可靠的社会保障、更高水平的医疗卫生服务、更舒适的居住条件、更优美的环境，期盼着孩子们能成长得更好、工作得更好、生活得更好。"⑥ 这把民生具体到了现实生活中，通过相关指标对其进行衡量，同时勾画出保障和改善民生切实可行的具体阶段，即在党的第一个 100 年实现全面建成小康社会，兑现"全面小康路上一个也不能少"的郑重承诺。⑦

广西巴马瑶族自治县（以下简称巴马）积极响应国家发展改革委、住房和城乡建设部、财政部在 2016 年联合发出的《关于开展特色小城镇培育工作的通知》，充分发挥巴马自然资源和民族特色优势，探索巴马特色小镇的建设之路。通过优化巴马经济发展方式，促进巴马经济高质量健康发展，进而提升人民的生活水平，为顺利实现全面建成小康社会增添新动力。⑧

一、保障和改善民生的价值理念

巴马特色小镇建设坚持从实际出发，把经济发展与生态环境保护并重、脱

---

① 孙中山选集 [M]. 北京：人民出版社，1981.
② 毛泽东文集（第 7 卷）[M]. 北京：人民出版社，1999：285.
③ 邓小平文选（第 1 卷）[M]. 北京：人民出版社，1994：157.
④ 江泽民文选（第 3 卷）[M]. 北京：人民出版社，2006：297.
⑤ 胡锦涛文选（第 2 卷）[M]. 北京：人民出版社，2016：166.
⑥ 习近平关于全面建成小康社会论述摘编 [M]. 北京：中央文献出版社，2016.
⑦ 韩喜平，孙贺. 习近平民生思想研究 [J]. 中国特色社会主义研究，2015（2）：14 – 18.
⑧ 住房和城乡建设部、国家发展改革委、财政部. 培育千个特色小镇实现首个百年目标 [J]. 小城镇建设，2016（7）：6.

贫攻坚与资源整合良性互动以及打造特色旅游与现代产业融合发展相统一。从经济、生态、特色旅游、产业融合和攻坚脱贫等方面全方位建设巴马，从而构建巴马保障和改善民生的价值理念。

（一）巴马特色小镇建设：坚持经济发展与生态环境保护并重

2013 年，习近平总书记指出，"要正确处理好经济发展同生态环境保护的关系，牢固树立保护生态环境就是保护生产力、改善生态环境就是发展生产力的理念"①。巴马在特色小镇建设过程中充分地把习近平总书记的生态文明思想融入其中，避免"走上先污染后治理"或者"污染和治理同步进行"的旧路。巴马小镇建设中将金山银山与绿水青山的共性融合起来，紧紧围绕以建设"广西三大旅游养生圣地和特色旅游名县"为主题，并在 2019 年巴马获得"广西园林城市"荣誉称号，全县共有 19 个行政村获得市级生态村命名。巴马探索了一条充满生机勃勃、富有物种多样性、持续稳定的自然生态发展道路，为社会发展创造出所需要的经济价值。② 生态环境保护与经济发展相辅相成、辩证统一，巴马特色小镇建设依托当地的生态优势发展生态产业，并将其转化为经济优势，为当地居民提供了所需的物质和精神需求。当前的巴马已经逐步实现了经济发展方式的转变，生态创新体系、绿色产品加工产业以及生态旅游已成为巴马发展的新途径。

（二）巴马特色小镇建设：推进脱贫攻坚与资源整合良性互动

党的十九大报告指出，"到 2020 年我国现行标准下农村贫困人口实现脱贫，贫困县全部摘帽，解决区域性整体贫困"③。巴马特色小镇建设对接了脱贫攻坚的需要。一方面，在特色小镇建设过程中带动了当地就业，促进本地居民技能提升，增强了主体意识和实现自我增值的能力，为改善人民生活水平，

① 习近平谈治国理政［M］．北京：外文出版社，2014.

② 魏华，卢黎歌．习近平生态文明思想的内涵、特征与时代价值［J］．西安交通大学学报（社会科学版），2019，39（3）：69 – 76.

③ 十八大以来重要文献选编［M］．北京：中央文献出版社，2016.

实现长期性发展带来显著的积极效益；另一方面，特色小镇建设对于整合优势资源起着重要的作用。"特色"既需要独特的自然优势，也离不开先进的发展理念作为引导，需要不断地强化地方政府治理能力，促使巴马优势资源转化为经济发展的动力。

第一，巴马政府聚焦短板弱项，实施精准攻坚。在基层培育脱贫致富的能手，有针对性地实施帮扶，同时防止已脱贫人口返贫。对深度贫困和存在返贫趋势的人员多措并举，通过产业引导、参与股份分红以及依托公司加农户的模式实现稳定脱贫，基层组织在扶贫工作中服务保障的作用得以践行。①

第二，脱贫攻坚也要坚持因地制宜的原则。巴马有着得天独厚的康养旅游资源、山水风情和民族特色，在扶贫过程中要挖掘其发展潜力，创造有利条件带动相关产业发展，积极开发生态旅游资源，打造民族特色品牌，真正发挥好自身比较优势，为巴马全面建成小康社会打牢基础。

（三）巴马特色小镇建设：打造特色旅游与现代产业融合发展

2016 年 1 月，国务院办公厅发布的《关于推进农村一二三产业融合发展的指导意见》明确提出，要"建设一批具有历史、地域、民族特点的特色旅游村镇和乡村旅游示范村"。

作为首批创建国家全域旅游示范区、中国国际特色旅游目的地的巴马，积极响应国家政策并依托当地的资源优势，如水晶宫、百鸟岩、百魔洞、洞天福地、赐福湖风光等自然旅游资源，逐渐打造独具巴马特色的旅游景点。② 其中，巴马建设的康养小镇、赐福小镇以及基金数字小镇充分地结合了现代产业发展的需要。在康养产业发展上，发挥战略定位、生态、品牌、人文等方面的优势，建设巴马国际旅游集散中心、老乡家园移民安置区、巴马中脉国际养生都会、巴马百魔洞国际养生度假区项目以及国际长寿养生度假小镇；在赐福小镇湖流域，积极打造养生基地及牢固树立"全域旅游"理念，不断丰富旅游

---

① 贺卫，李亮. 农村基层党组织在脱贫攻坚中的作用研究初探［J］. 华北理工大学学报（社会科学版），2018，18（1）：64 – 69.

② 巴马甲篆养生养老小镇项目［EB/OL］. http：//tzcjj. hechi. gov. cn/zsxm/lyfwy/t934018. html.

业态的同时，高标准规划，力推集研发、生产、展示及体验为一体的健康项目，开发一条特色养生精品旅游线路和康养服务中心；在巴马基金数字小镇上，总投资约 48 亿元，主要建设内容包括中国—东盟大健康大数据中心、5G＋未来实验室、全国首个成建制的数字网络合成教育实验学校、基金小院、大健康产业金融保障平台等。以数字助力康养和金融，以康养吸引数字和金融，以金融支撑数字和康养，为巴马高质量、高品质发展奠定坚实基础。①

巴马特色小镇旅游及时迎合了现代市场需要，为消费者提供满意的物质和精神产品，也给当地注入活力，对于保障和改善民生起到极大的作用。特色旅游和现代产业的融合促进了资源的有效流动，增强新兴产业发展势头。巴马特色小镇建设的过程也是现代产业空间聚集的过程，小镇为其提供了公共服务设施、信息渠道、相关技术运用和消费群体。现代产业可以依托小镇发展的机遇释放更大的潜力，在未来的发展中把巴马建设成为具有鲜明文化特色、浓郁康养氛围的国际性、复合性、全天候的旅游首选目的地，由并跑者转变成为健康中国的领跑者。

二、保障和改善民生取得的初步成效

巴马在特色小镇建设过程中众多民生工程得以发挥实质性作用。从不同的指标来看，巴马的民生得到了明显的保障和改善，如期实现了全县脱贫摘帽。当前，巴马围绕"六大行动"和"五大攻坚战"巩固和夯实经济基础，结合不同地区的特点创建不同的经济发展模式，推进巴马综合发展。从人民所需出发，持续完善社会基本保障体系、提高服务质量，助力巴马持续向好发展。

（一）从巴马特色小镇综合发展指标来看：经济实力大幅度跃升

巴马是国内外公认的"长寿之乡"。依托长寿之乡的发展机遇，积极推进

---

① 总投资 48 亿元！巴马基金数字小镇项目正式启动［N］. 河池日报，2020 － 04 － 13.

特色小镇的建设。在此过程中，对当地开展了不同形式的就业引导和支持工作，坚持以政策宣传引导就业创业、加大资金投入支持就业创业、拓展发展平台吸引就业创业、树立典范鼓励就业创业，形成了"大众创业、万众创新"的新热潮，截至 2019 年 12 月，城镇与农村新增就业人数分别为 866 人和 3328人，在全县深度贫困地区开发乡村公益性岗位，就业 500 多人。有效地解决了贫困人口就业难的问题，确保贫困户有稳定收入来源。巴马牢固树立"越是贫困地区越要坚持高质量发展、越要走开放发展之路"的理念，紧扣"六大行动"，即政治生态行动、社会生态行动、自然生态行动、脱贫攻坚行动、基础设施建设攻坚行动以及产业转型升级攻坚行动保住经济健康稳定发展的底盘，深入实施精准脱贫、产业转型升级、全域旅游、基础设施建设和生态文明"五大攻坚战"。通过以上措施的具体实施，巴马的经济实力得到大幅度跃升。初步核算，2019 年巴马县地区生产总值（GDP）完成 75.66 亿元，按可比价格计算，比上年增长 11.1%，具体数据如表 1 所示。

表 1　2019 年 1~12 月巴马县主要经济指标数据

指标	总量	增速（%）
地区生产总值（万元）	756642	11.1
第一产业（万元）	130013	6.8
第二产业（万元）	246912	7.8
第三产业（万元）	379717	15.0
财政收入（万元）	61371	34.5
社会消费品零售总额（万元）	175699	7.3
城镇居民人均可支配收入（元）	28189	8.3
农村居民人均可支配收入（元）	9112	11.0

数据来源：巴马瑶族自治县统计局，http：//www.bama.gov.cn/sjfb/tjfx/t1464313.shtml.

（二）从巴马特色小镇人民生活水平来看：脱贫攻坚取得决定性进展

习近平表示："人民对美好生活的向往，就是我们的奋斗目标。"巴马围绕惠民工程，从水、电、路、危房改造等硬件设施抓起，开启了轰轰烈烈的产业发展攻坚战、基础设施建设攻坚战、电商扶贫攻坚战等系列大会战，促进人民的生产生活水平不断提高。

在产业发展攻坚战上，特色产业扶贫立足于"基地＋公司＋集体经济、农户"的发展模式，成功引进了世界500强太平洋建设以及上海景域、江苏花王等国际国内一流大企业，投资总额已高于6000亿元。同时，在长寿养生食品产业方面引进行业知名企业对巴马富有特色的香猪、肉牛以及肉鸡开展专业化生态养殖，对其相关产品进行深加工，延长产业链。目前，巴马所有贫困村均已做到了集体经济相关项目全覆盖，超过2/3的村有集体经济收入。

在基础设施建设攻坚战上，不断加快景区景点道路建设，旅游公路建设，以及道路两旁、城区周边的绿化美化。结合脱贫攻坚战略要求，实施了乡通二三级路，村屯通水泥路，切实满足群众出行的便捷和安全，交通设施的进一步完善，为脱贫致富创造了更多的发展条件。

在电商扶贫攻坚战上，巴马开展"党旗领航·电商扶贫"行动，发挥党建引领电商扶贫功能，组织帮助贫困群众和农村电商从业者"就近就便"学习电商技巧，形成以电商拉动企业销售，以销售促进贫困户增收的电商扶贫路子，走出一条具有巴马特色电子商务发展路径，为攻坚脱贫注入活力，从而带动当地群众实现增收创收。

基于巴马发展的实际，巴马根据自身所具有的特色优势对现有扶贫模式进行改革和创新，着眼于保障和改善民生，实现发展成果共享，走绿色经济发展之路。

（三）从巴马特色小镇基础设施及公共服务来看：社会保障体系基本建立

巴马在不断改善人民生活水平的过程中，积极完善基础设施，提升公共服务能力和治理能力，制定好政策并采取人盯人的办法全面推进。习近平强调："消除贫困、保障和改善民生、实现共同富裕，是社会主义的本质要求。"

教育保障方面，巴马研究制定《巴马瑶族自治县教育扶智脱贫攻坚工作方案》，构筑起从幼儿园到大学教育的一站式教育扶贫资助体系。2019 年前 6 个月，巴马在教育方面落实资助资金达 1800 万元以上，受资助者超过 2.8 万人次，基本上实现了全覆盖。用实际证明"不让一个孩子因贫失学、不让一个家庭因学致贫"的目标；基本医疗保障方面，组织医疗团队下乡落实疾病检查工作，对贫困人口特殊慢性病实行"先享受待遇后备案"制度以及在县域内定点医疗机构住院"先诊疗后付费"和"一站式"系统结算服务，确保贫困群众"看得起病"，不因病返贫；住房、饮水安全保障方面，加大危房改造投资，实现了 670 户危房全面改造，加层扩建多达 200 余户。供水工程从建设到维修全面覆盖。同时，积极开启其他地区相关污水处理项目落实，争取把源头治理、系统治理、生态治理融为一体整体推进，积极改善地下水道设施建设，力争做到流程化、便利化、清洁化"三化一体"，实现污水处理质量。巴马用实际行动破解了巴马建设中存在的诸多问题，对于保障和改善民生起到了重要的作用。

三、保障和改善民生的启示

近年以来，巴马特色小镇发展取得了非常大的成就，成为巴马经济发展不可或缺的重要一环。同时，巴马制定的一系列有力举措和保障也值得将其推广。文章具体梳理以下几方面供参考：

首先，提供优惠政策支持，夯实民生工程建设。巴马始终坚持以习近平新时代中国特色社会主义思想为指引，积极推行惠民政策，着力改善人民生活水平，确保巴马人民携手迈小康。土地政策上，传统土地运转方式与当前实际需要灵活应用，租赁、承包等方式可以用"点、线、面"不同形式满足供地需求；财政政策上，围绕重点项目，包含"五中心一基地一家园"项目、赐福养生小镇综合开发建设项目、甲篆镇特色养生小镇项目、矿泉水生产项目、巴马工业园区、大数据或云计算中心项目、巴马光伏产业扶贫项目等建设用地采取先交费后奖励的方式补还给企业，用于扶持企业的发展；税收政策上，认真落实结构调整、大众创业万众创新、小微企业、促进消费、保障民生、助力扶贫攻坚等方面税收政策。

其次，持续推进深化改革开放，及时破解发展难题。受新冠疫情突如其来的冲击，巴马经济发展也受到了很大影响。巴马在全力打好疫情防控阻击战的同时，确保农业企业平稳安全有序复工复产，实现疫情防控与复工复产两不误。第一，积极推进深化改革开放。按照高质量发展的要求，以推进供给侧结构性改革为主线，进一步推进农村改革、深入探索旅游带动小镇发展模式以及鼓励基层治理制度创新，克服阻碍巴马发展的绊脚石，推动巴马健康发展。第二，实施就业优先政策。为确保疫情期间广大农村富余劳动力，安全、顺利返岗复工，实现稳定增收。巴马出台了《巴马瑶族自治县 2020 年疫情期间农村劳动力外出务工交通补贴工作方案》，对农民工出行、购票、护送、对接采取了相应的创新举措，确保了农民工安全有序复工上岗。党的十九届四中全会提出，既要保持国家制度和国家治理体系的稳定性和延续性，又要抓紧制定国家治理体系和治理能力现代化急需的制度、满足人民对美好生活期待必备的制度。经历了这次重大考验之后的巴马，在治理体系和治理能力上将会有更大的提升。以人民为中心，及时回应群众关切，致力于保障和改善民生是巴马新时代全面深化改革的重要着手点。

最后，发挥市场作用，鼓励创新发展。建立健全创新激励机制建设，加大对市场创新发展的支持力度，使创新能力得以充分显现，发挥市场在创新过程中的关键作用。第一，巴马在打造特色小镇、改善人民生活的同时，注重发挥市场作用，带动市场机制有效运转。通过组建优秀的团队和引入知名企业管理巴马特色资源，形成了一批巴马独有的知名品牌，如"巴马香猪""巴马丽琅""巴马神"等。巴马政府不断地优化市场结构，促进市场效益更好地发挥，出台系列政策鼓励信用度可靠、产品质量安全有保障的企业入驻巴马，提升巴马的竞争力，扩大巴马知名度。第二，巴马更加强调通过创新创业推动巴马经济发展。巴马在特色小镇建设过程中，对小镇创新发展进行了精细化布局，将生态旅游、文化体验、休闲度假、体育运动、金融数据以及健康产品有机结合起来，共同促进本地区经济多元化发展。巴马基金数字小镇是新一代智慧型云计算产业基地，通过数字经济产业引导基金，大量引入国际国内高端互联网、物联网关联企业，形成云产业链生态圈。在"新基建"带有明显的新时代特征的大环境下，随着巴马人才和科技方面的不断完善，将会为5G、人工智能等创新领域打下良好的基础，促进巴马经济新飞跃，为巴马经济社会的长期可持续发展提供新科技支撑。

县域治理法治化研究

周欣宇①

摘要： 党的十八大以来，以习近平同志为核心的党中央，统筹全局，提出推进国家治理体系和治理能力现代化的战略部署，对县域治理、县域经济发展提出了具体要求。县级政府对区划内各项事务从社会管理到社会治理行为方式的转变，特别是以依法治国总方略为指引的县域社会治理法治化，是我国推进"四个全面"的应有之义，也是实现两个百年奋斗目标，完成中华民族伟大复兴"中国梦"的关键。

关键词： 县域；社会治理；法治化

郡县治则天下安，县域治理是推进国家治理体系和治理能力现代化的重要环节。在我国行政级别体系中，区县上承省市，下接乡镇，具有齐全完备的各项行政权力和行政服务职能，是国家治理体系中的重要部分。县域治理作为一个长谈的命题，县级政府往往重视对辖区的管理而忽视治理的重要作用，行政服务职能大都以政府为中心展开，而很少关注社会反响。县域治理的法治化，主要以社会治理为核心，各项事务遵循法治，实现社会的长治久安。

---

① 周欣宇，河南省社会科学院助理研究员。

一、县域治理法治化的背景和意义

（一）推进国家治理体系和治理能力现代化的重要枢纽

党的十八大以来，党和国家重点提出的国家治理体系和治理能力现代化建设，是实现中华民族伟大复兴的关键之举。政府从先前的行政管理逐渐向行政服务过渡，从对辖区的管理走向共同治理，强调社会各方的共同参与，实现社会秩序的共治和发展成果的共享。

县作为我国国家治理的一个重要区域战略点，是国家治理结构的基本组成部分也是重要的组成单元，县级政治和县级治理是国家治理能力现代化的基层枢纽。在治理能力现代化推进的重要时期，作为一个各项行政职能比较完备的一级政府组织，县级可以实施国家层面的几乎所有行政职能，对国家治理的重要作用不言而喻。从县域法治与区域法治研究的关系看，"在宏大的依法治国顶层设计中，县域作为一种稳定的地方行政实体参与其中而形成县域法治。同时，依法治国不能仅停留于一种设计而应转化实践，在这一层面上，县域法治更多是具体的和经验的。县域法治切实地处于地方法治体系之中，为地方法治发展提供立法、法律实施和法治社会建构的实证研究资料，而这正是其实实在在的价值"。

（二）全面依法治国在县域范围的具体实践

作为"四个全面"重要战略内容之一，实现全面依法治国总目标、建设法治中国的最终目的，需要把法治提上治理日程，也就是把"依法办事"作为最基本的约束机制。法治强调的是法律至上、制约权力、保障权利、程序公正和良法之治等精神价值。具体到县域治理和县域法治，就是在宪法和法律的框架下，推行政府、司法以及公民守法等方面的法治建设。要让政府行政权力在阳光下运行，同时克服权力的随意性，实现法治框架下行政权力的约束与规范，达到公权力与私权利、公权力与社会公众和谐共处，社会秩序安定有序的良好局面。县域范围司法公正的全面实现和法治文化的形成，是在法治化社会治理过程中通过不断解决影响公正的问题，培育公民的守法和法律至上意识而逐渐形成的一种法治状态。

二、县域治理法治化的现状

（一）"社会管理"逐渐转向"社会治理"

行政权力逐渐回归法治轨道。随着我国经济社会的不断发展，计划经济时代的一系列限制性管理行为已经不能适应社会公众的各种需求，解决新出现的社会治理问题，以改革促进社会管理向社会治理转变成为现实需求。习近平总书记指出："治理和管理一字之差，体现的是系统治理、依法治理、源头治理、综合施策。"党的十八届三中全会提出全面深化改革总目标，在社会建设方面提出：加快形成科学有效的社会治理体制，确保社会既充满活力又和谐有序，通过党委领导、政府主导、社会参与，实现政府治理与社会调节、居民自治的良性互动。社会治理主体的多元化，法治治理方式的广泛推广应用，在县域范围内形成了一种法治规范政府、社会、居民各项活动，社会和谐有序的良好局面。

（二）社会治理逐渐迈向法治化

在法律制度日趋健全的当下，人们期盼的不再是有法可依，而是依法行政的切实落地。当前，从中央到省市，再到县级政府，"权力清单"制度越来越成为政府依法行政的重要约束，政府行政也从之前管治型政府向服务性政府转变。权力清单制度实现了行政从"治民"向"治官"的转型，实现了国家行政权力与公民私人权利的和谐互动，达到了公权力与私权利的良性平衡。对权力任意行使的限制，也是当前县域治理法治化进程中的重要转变，县级政府作为一个行政审批、行政执法等权力比较全面的权力层级，对其权力边界的清晰划定，正在改变某些地方"一把手"大权独揽、权力过分集中的局面。司法机关的司法活动更加符合法治要求，从中央到地方的一系列司法改革的实效性举措，使司法活动越来越注重对普通民众程序性权利的重视和保护，最重要的表现是司法案件中的"冤、假、错"案和涉法涉诉信访案件数量都在不断降低，人民群众的安全感和幸福感不断提升。

（三）共建共治共享的社会治理新格局逐渐形成

随着我国经济的不断发展，一些新形式的经济和社会主体出现，这些主体对法治化社会治理格局的形成，也在不断贡献着自己的力量。一些非政府的志愿类预防和化解社会矛盾组织，作为传统矛盾纠纷化解机制的重要补充，正在为大力化解矛盾纠纷，从源头上解决社会问题提供力量。公共安全体系的建设，全社会范围内的安全观、生命第一、安全第一理念深入人心，全社会防灾避险能力显著增强。党中央大力推进的全国范围的扫黑除恶，为社会稳定、区域营商环境优化以及社会公平正义的推进起到了重要作用，一些被黑社会性质组织把持的基层政权、被恶势力控制的市场交易以及躲在黑恶势力背后的权力"保护伞"被打掉，县域和基层社会正在向着加快重塑社会管理和经济社会活动秩序的方向快步前进。作为县域治理法治化关键的乡村基层基础法治化建设，也随着整个社会形势的发展在不断向更高水平、更深层次发展。

三、县域治理法治化存在的问题和不足

（一）制度体系不健全，社会治理主体单一

基层社会治理主要还是依靠政府来主导，更多突出行政色彩。城市的社区

居委会作为城市的居民自治组织，应以民主形式履行自治职能，但在当下，社区居委会更多地承担了政府行政、维护社会稳定，甚至招商引资和经济发展管理等方面的行政管理职能，与街道办事处成为了上下级关系，已经没有了自治的核心内容。农村村民自治情况更是行政化浓厚，村民自治组织越来越少地自行决定组织的发展，更多地是听从乡镇政府的工作安排，成为了乡镇下的一级行政组织。在自治形式不能真正发挥作用的情况下，对这些基层自治组织的监督也流于形式，甚至监督都不复存在。社区和村民监督委员会的职能不能发挥，对一些涉及群体的重大事项决策时监督不到，居民和村民关心的热点难点问题不能在大会上民主讨论决策，群众对自治的参与热情不断降低，越来越使社区和村民组织工作脱离自治轨道。

对政府工作的监督，还存在表面监督而无法深入的局面，目前的县级政府在社会治理工作中还是权力集中在政府，而权力的过于集中导致监督制约机制的不够健全。首先是监督方面的法律法规还不够完善，对监督的形式、内容和时间范围都没有明确的规定，导致监督的目的不明确，监督效果打折扣。其次是人大等机关的监督，属于一种法律规定的常规性、程序性监督，对政府权力监督的针对性不强，容易沦为"面子"监督。最后是媒体等监督受政府部门权力阻挠，无法实现实质性的监督，也无法实现督促权力的公开透明行使，导致各级政府廉政风险上升。

（二）行政执法力量薄弱

随着国家治理的现代化，各级政府行政管理和行政执法也更加需要专业化、法律素养高的复合型人才，但基层执法队伍当前普遍存在受教育程度低、法律知识掌握不够、执法业务能力不强的问题。基层行政执法部门的执法人员，还存在老的行政管理思想，对执法的认知还停留在粗暴蛮横不顾人性化的阶段，对法律对行政执法等程序的约束和规范认识不足，最终影响到了执法的效果。另外，由于基层工作环境复杂，社会认可度低等原因，一些高学历、法律知识丰富的高素质人才不愿从事基层执法工作，在充实执法力量时不可避免地使用大量临时执法工作人员，但临时人员的知识水平和综合素质更是弱项，进一步导致基层执法队伍人员力量薄弱，执法素养总体提升不够。

（三）普法模式单一，普法实际效果不好

（1）在治理法治化方面的宣传上，主要停留在传统宣传模式上，如摆放展板、发放传单、组织宣讲等，此类宣传模式主要是在原先社会发展节奏缓慢的情况下效果相对较好的宣讲方式，随着社会的发展，生活节奏的加快，互联网、手机APP等打破时空限制的普法宣传形式还没有真正成为主流，效果也不够深入。

（2）普法宣传以在一些特殊时间点，或者应对检查等时候开展为主要方式，没有形成常态化普法宣传机制。普法作为一个从外部宣传到内心确认并接受，最终以行为遵守法律的过程，需要建立常态化的宣讲机制，对受众形成无时不在、无处不在的法律知识宣讲覆盖，在潜移默化中提高群众的法治意识。

（3）法治宣传不均等，对青少年学生、国家机关工作人员等宣讲活动多，要求更高，也能够促使其形成法治思维和遵法守法。但对最基层的，特别是法律知识不够甚至是没有文化知识的基层群众、外来务工人员的普法宣讲，存在着盲区，导致这类人群的守法意识不能得到强化，出现社会治理法治化进程中的隐患。

四、加强完善县域治理法治化的对策和建议

（一）完善治理法治化制度体系建设

区县作为上承省市、下接乡镇，连接宏观与微观、理论与实践结合部的枢纽，要以体系化的法治建设为中心，完善社会治理法治化制度体系，让各方主体参与进来，实现多元共治，改变长期以来存在的政府独大局面。

（1）要始终坚持党的领导。国家治理的现代化，特别是各级社会治理的

法治化，必须通过党的集中统一领导发挥作用，凝聚全社会的强大力量。党通过对立法、执法、司法、法治宣传等领域的领导，科学运用国家强制力实现法治目标。坚持党的领导，一方面是在上层坚持发挥党统领全局、协调各方的领导核心作用，从全国的高度统筹协调县域发展和县域社会治理的法治化；另一方面是发挥好基层党组织的战斗堡垒作用，以党员干部带头，以党建带动县域社会治理。

（2）要重视居民自治。城市社区居委会和农村村民自治组织，要在党支部的领导下，发挥民主集中的制度优势，以民主决策方式决定社会治理的重大问题和重要工作。在自治的基础上，通过各类公开和监督机制，监督村民和居民组织公正处理内部事务，带动社区、村组社会治理的法治化进程。

（3）要引入其他社会组织力量，发挥群体共治作用。对社会组织积极引导，使其真正融入县域社会治理法治化体系运行，通过建立组织管理、经费保障和监督管理等机制，将政府负担的一些与政府行政无关的职能放到社会组织中行使。通过社会组织的直接管理，提高社会管理的效率，而政府退回到正常的监督者角色，更好地以监督促进社会组织的工作。

（4）要健全机制优化程序，加强对社会治理各项工作的监督。以党内监督为基础，发挥党内监督的提前发现、机动灵活优势，让监督随时随处存在；把人大权力监督、政协民主监督作用真正发挥，人大在表决审议县域治理相关文件和规划方案时严格权力机关监督标准，政协发挥民主监督的多元性，使监督的范围得到有效扩大；新闻媒体要发挥社会监督覆盖面广的优势，对违法违纪行为展开全方位监督。

（二）强化县域治理法治队伍建设

社会治理现代化需要完备的规范体系、高效的实施体系、严密的监督体系、有力的保障体系作为支撑，而法治的特性是稳定性、严谨性、可预期性、可操作性，社会治理现代化制度建设只有以法治精神作为内核，才能做到科学、规范、稳定、长效。

（1）加强县域治理法治化工作队伍思想政治建设。县域治理法治化，重点是对行政执法队伍开展思想政治教育，使行政执法人员树立依法执法、严格执法意识。在执法实践中，执法队伍要首先拥护党的领导，始终明确工作的目标和方向，认同社会主义核心价值观，以实现国家治理现代化和全面依法治国总目标为工作方向和核心目标。作为基层社会调解核心力量的律师、人民调解员和法律服务工作者，也要注重思想政治教育，使他们成为基层社会稳定和治理法治化的重要力量。要完善对他们的职业激励机制和违规惩罚机制，奖励和惩罚分明，促使形成社会治理法治化的工作共同体。

（2）加强对县域治理法治化工作队伍建设。要运用公务员和事业单位人员招录平台，为法治工作队伍吸收人才。同时，要打开执法队伍与其他行业人才互相交流通道，建立优秀律师和法律服务工作者进入体制的选拔机制。要把执法人员向工作一线倾斜，将更多力量投入到执法一线，减轻一线执法人员的工作压力和思想压力，实现工作效率和工作效果的有机和谐统一。

（三）推进社会法治文化建设

县域社会治理的法治化，从根本上讲还是社会治理的精细化，要实现精细社会治理，法治思维和法治方式是关键。法治化体系下，不允许行政部门闭门自守，要把整个区域当作一个整体，用法治思想依法理顺各类行政权力职责，让法律运行精细、有序。

（1）普法宣传引导与依法治理相结合。落实各政府机关的普法责任制，深入基层开展法律宣传和法治理念教育，把普法作为基础性工作贯穿到全社会的各个行业、各个层面，与各单位、组织主业一同部署、一同推进、一同考核、一同奖惩。各类社区、村组和组织把学法用法守法放到重要地位，产生矛盾时，首先选择用法律手段解决，在矛盾化解的同时做好法律宣传，做到普法与用法良性互动，共同进步。

（2）完善公共法律服务体系。首先，针对各类具体案件的法律援助，要加大力度，凡是需要的全部满足法律援助需求，实现个案上的应援尽援。其次，扩大矛盾纠纷化解的范围，除去进入到调解组织的矛盾纠纷，还要排查社区、村组存在的矛盾苗头和隐患，法律帮助可先前介入，防止小苗头变成大矛盾。再次，法治宣传教育融入到社会生活各方面，利用学生课堂，村民或居民会议等形式，把法律普及到每一位居民。最后，把法律服务相关人员的保障落实到位，对从事法律援助和法律服务工作人员，在待遇上得到体现，同时把他们的待遇保障纳入政府部门正常预算，提高法律服务人员的工作信心。

（3）培育全社会法治精神。发挥法治思想引领作用，不断丰富法治宣传和教育的形式，利用各类社会节日和公共场所，促使法治思想入校园、入企业、入社区，成为人们生活、工作、学习的主要依靠。在互联网时代，多运用网络、手机 APP、移动传播平台等先进技术手段，多种形式开展法治宣传，真正让法治精神入脑、入心，指导人们的行为方式，形成遵法守法学法用法的法治社会氛围。

参考文献

［1］徐祖澜．依法治国的微观求证与实践探索——县域法治在地方法治体系中的价值［J］．兰州学刊，2015（10）．

［2］俞荣根．县域法治的重点、难点和关键点［J］．学术批评，2013（5）．

［3］中共中央宣传部．习近平总书记系列重要讲话读本［M］．北京：学习出版社、人民出版社，2016.

［4］李复忠．县级人大及其常委会依法行使监督权的问题及对策［J］．山东人大工作，2010（2）．

［5］任衍雷，孙婷．法治视角下县域社会治理精细化的思考［J］．改革与开放，2018（16）．

县域民办养老机构的社区
嵌入与创新发展
——以义马市游牧寿康为老服务联盟为例

冯庆林①

摘要： 各种新业态养老形式的出现，既向传统机构养老提出严峻挑战，也给其向好发展带来前所未有的机遇。秉持健康养老和积极养老的发展理念，游牧寿康精心打造以居家养老为基础，社区养老为依托，游牧旅居式养老为引导，机构养老为补充，医养结合为保障，先进科技为支撑的综合性多元化一站式养老服务新模式，面向大多数社区老人，为他们提供全方位、多层次、多功能的贴心服务。通过主动介入和深度融入社区居家养老，目前游牧寿康已经顺利实现自身的转型运行与创新发展。游牧寿康在为老服务方面的探索，为养老服务业同行全面深入开展社会养老服务，提供了可资借鉴的做法、经验及启示。

关键词： 民办养老机构；社区嵌入；转型服务与创新发展

国务院办公厅在《关于推进养老服务发展的意见》中强调："推动居家、社区和机构养老融合发展。支持养老机构运营社区养老服务设施，上门为居家老年人提供服务。"目前，河南共有民办养老机构近1200家，其中档次较高、

---

① 冯庆林，河南省社会科学院社会发展研究所助理研究员。

规模较大的民办养老机构近 160 家，其余的则属于中小类型，零散地分布在河南 21 个县级市和 88 个县的广阔县域里。一方面，河南县域社区居家养老服务尚处于初始发展阶段，在基础设施、人才队伍、专业服务技能等方面的发展相对滞后；另一方面，县域民办养老机构床位空置率较高、效益较低，资源浪费严重。如何能使两者兼容互补并共同发展呢？带着这一问题，课题组于 2020 年 5 月底，前往义马市游牧寿康为老服务联盟（以下简称游牧寿康）进行了调研。

游牧寿康前身是义马市寿康养老公寓，成立于 2017 年底，主要面向广大社区居家老人，发挥养老机构在服务管理、专业技能上的带动性作用，以"医养康"服务为基础，以游牧旅居式文化养老服务为引导，在各种有组织的多样性、动态化的人际交往活动中，增强老人健康养老、积极养老的意识，促进老人身心健康。近年来，游牧寿康通过主动介入和深度融入社区居家养老，为大多数社区居家老年人提供全方位、多层次、多功能的贴心服务，已经顺利实现自身的转型运行与创新发展，成为集机构院舍养老、居家社区养老、旅居文化养老等为一体的较大规模民办养老机构。经过调研，笔者认为其创新发展的做法和经验值得借鉴。

一、主要做法

一是主动嵌入并深度植根于社区。社区是最基层的生活单元，是老年人日常活动的主要场所。养老机构开展社区居家养老服务，不仅能充分发挥自身优势为社区居家养老老人提供高质量服务，而且可以通过开展服务来培育机构养老的潜在客户。目前，游牧寿康已在其周边社区，成功承接和运营数家社区康养服务中心或老人日间照料中心，每个服务中心每天同时能为数百名老人提供针灸理疗、艾灸、药浴以及文体娱乐等方面的服务。2020 年，游牧寿康又投入较大资金，增设 16 家社区康养服务中心样板店，可为 15000 名社区老人提

加快推动县域经济高质量发展

供中医药保健及较高质量的日间照料服务。

二是以"积分制"充分调动老人参与社区养老的积极性。通过开展社区文体娱乐活动、康养服务、旅居养老等引导广大居家老人注册成为会员，并建立"积分系统"和"消分系统"，凡是积极参与社区居家养老活动的老人都可以免费获得积分，所获积分无论是在购物、兑换服务、康养旅游等方面，还是将来入住养老机构，都可以抵扣现金支出。该项目启动两年多来，增强了老人的健康养老、积极养老意识，改变了居家老人传统生活观念及消费习惯。目前，会员已经发展到1万余人，其前景看好。

三是组建游牧寿康为老服务联盟。依托庞大的会员规模，游牧寿康充分整合各种为老服务资源，实现多方共赢。其一是整合居家社区养老服务资源，包括家政服务、助餐服务、康养服务、医疗卫生服务等。例如，对居家服务型、社区嵌入型、机构融合型这三个层次"医养"结合的模式进行深入探索，尝试与市人民医院进行无缝对接，为老人提供完整、优质的医疗服务；在已建社区居家养老服务中心及老人日间照料中心，配备全科大夫轮值；通过"互联网＋家庭医生"形式，为居家老人提供便捷、高效的医疗保健服务。其二是整合旅居康养为老服务资源，包括景区、酒店、旅游服务公司等。目前已与全省大部分景区建立联系，合作酒店50余家，遍布全省乃至全国各地，为老人提供全程无购物的愉悦旅居康养服务。其三是整合机构养老资源，可以为有入住养老机构需求的老人提供多层次、多功能的康复养老、候鸟式养老等多种选择。

四是探索建立线上线下为一体的多元化一站式养老服务新模式。运用现代信息技术，依托互联网、物联网、智慧养老设备等，游牧寿康精心组织为老服务的线上团队和线下团队，其中，线上团队由管理统筹协调中心统一调配，可统筹协调紧急救助中心、生活服务中心、健康医疗中心等分支部门任务的接受及执行，线下团队则由居家养老上门服务、社区为老活动服务、专业技能指导服务三大板块构成。作为配套设施，游牧寿康还在社区设立互动娱乐、日间照料等网点，依托网络平台去延伸和丰富居家养老援助服务内容，吸引居家老人走出家门而融入集体生活。

二、基本经验

首先，思想转变先行，以观念更新带动养老服务新模式创新。面对社会养老服务业发展的新形势，游牧寿康不再恪守"关起门来办养老院"的静态养老服务理念，坐等有需求的家庭送老人上门，相反，学习和接受社区居家养老、跨界"医养"结合养老、旅居文化养老乃至"虚拟养老院"等新事物，并且将其精华有机融入机构养老向外延伸服务的社会网络之中。这一根本性思想转变，在项目谋划、运营策略、服务方式、手段和途径等方面，为游牧寿康带来向好选择。

其次，因地制宜，综合创新。2019 年，义马全市人均 GDP 9.52 万元，全市居民人均可支配收入 30946 元；义马 65 周岁及以上老年人口有 1.91 万人，占常住人口比重约 13%，80 周岁及以上老年人口有 0.26 万人，占常住人口比重约 1.8%。此外，近年来随着义马这一资源型城市的转型发展，许多年轻人外出务工，留下了大量"空巢"独居老人。基于对上述情况的考量，游牧寿康以发展会员制作为桥梁和纽带，并且依托互联网、物联网、云计算、大数据、智能软件等科技载体，探索创设一种兼具居家养老、社区养老、机构养老的优点，以及融汇旅居养老、文化养老、智慧养老等特征的综合型多功能的养老服务运行模式。

最后，注重差异、推陈出新，虚实结合、软硬兼具，全面提升为老服务质量水平。针对老人的不同需求，游牧寿康不断强化自身差异化服务管理意识，并在规章方面制定了差异化服务、管理、实施三大板块，以高品质差异化服务管理提升实体养老质量水平，同时依托智慧养老服务平台，建构动态化、普惠性的"无围墙的社会养老院"。此外，游牧寿康还在社区设局布点，通过加大软件和硬件建设投入力度，将以上两项有机衔接并且深度融合。

三、几点启示

综上所述，游牧寿康的主要做法及经验为县域民办养老机构实现可持续健康发展提供了以下重要启示：

其一，系统化思维是民办养老机构转型发展的必然要求。无论是民办养老机构还是各地政府部门，都应当跳出传统思维定势的窠臼，以辩证思维和兼容思维看待社会养老服务体系建设中居家养老、社区养老、机构养老之间的关系，以及新业态养老与传统机构养老、虚拟养老与实体养老之间的关系。民办养老机构要利用自身优势不断延伸服务链条、拓展服务内容、提升服务水平，从而在更高层次上谋求自身发展。政府部门在制定"十四五"规划时，也应据此将有效破解县域养老服务发展难题、推动养老机构转型与创新发展等议题纳入其中。

其二，规模化运营是民办养老机构良性运营的关键所在。一方面，养老服务业作为准公共产品，具有一定的公益性和福利性，从事养老服务的企业在运营中的微利性是其典型特征；另一方面，局限于县域内养老服务产业规模相对较小，如果不能实现规模化运营，县域内民办养老机构的良性运行就会受影响。此外，目前河南县域社区居家养老服务基础设施较为落后、年轻护工比较缺乏、服务技能及质量水平较低，属于全省社会养老服务发展中的弱项。尤其是在机构养老与居家社区养老间普遍缺乏有机衔接，尚在较大程度上存在"两张皮"现象，以致养老服务资源难以得到充分利用。因此，政府应集中优势资源，重点扶持县域内养老服务龙头企业，加大对社区嵌入型养老机构面向居家老人提供服务的政策支持力度，发挥其在专业技能及管理服务方面的引领及示范作用，鼓励企业之间结成联盟，共同为提升县域养老服务水平做出贡献。

其三，智能化平台是民办养老机构创新发展的重要抓手。智慧养老服务平台建设是沟通机构养老与社区居家养老的桥梁和纽带，可以促进两者在现有服务设施条件、价值定位、运营方式等方面的兼容互补，最终达致两者携手并进，实现与大众养老服务需求的有效对接，以及实现养老服务市场化、社会化、人文化的深度融合。因此，应在全省大力开展县域智慧养老服务平台建设，将其作为推动基层社区居家养老服务发展，以及促进养老机构转型与创新发展的重要抓手。

其四，公办民营的社会化改革是民办养老机构的未来发展方向。长期以来，县域内乡镇敬老院等公办养老机构由于受到体制机制的影响，其在运营管理中存在的权属不清、地位不明、投入机制不健全、服务水平不到位、床位空置率偏高等突出问题并没有得到根本性改观，亟待通过公办民营的社会化改革之路加以解决。这为民办养老机构的进一步发展提供了契机，一方面，可以使民办养老机构节约硬件投入成本，从而使其更加集中精力于提升管理和服务水平；另一方面，有利于民办养老机构向社区居家养老服务基础相对薄弱的农村社区延伸，从而提升县域整体养老服务水平。

参考文献

［1］国家发展改革委、民政部等十部委．关于加快推进健康与养老服务工程建设的通知［Z］.2014－09－12.

［2］国务院办公厅．关于推进养老服务发展的意见［Z］.2019－04－16.

［3］联合国大会．联合国老年人原则［Z］.1991－12－16.

［4］义马市统计局.2019义马市国民经济和社会发展统计公报［Z］.2019.

乡村治理现代化的基本问题与实现路径

李三辉①

摘要： 乡村治理现代化是实现国家治理现代化的重要一环，其核心是推进乡村治理体系与治理能力现代化。治理体系、治理理念、治理文化、治理方式、治理保障作为考察乡村治理现代化的向度，分别对应了乡村治理的制度化、民主化、德教化、精细化、法治化，统一于善治化目标。然而，现代化乡村治理面临着多元共治意识尚未形成、治理机制欠完善、"内卷化""碎片化"问题凸显、治理主体能力普遍弱化、治理方式现代化程度低等多维困境，改进乡村治理需统合传统与现代有益因素、打造多元主体协同共治、防范治理技术的泛化、关注乡村间的异质性与不平衡性，进而坚定城乡融合发展、完善乡村治理机制、构筑"三治合一"治理体系、建构"一核多元"治理格局、深化人才队伍建设与增强科技治理支撑，以实现乡村治理现代化。

关键词： 乡村振兴；乡村治理；现代化

---

① 李三辉，河南省社会科学院社会发展研究所助理研究员。

一、问题的提出

我国自古便以农立国，乡村历来是国家的根基与命脉所在。由于农业的基础性地位，即使在城市化快速发展的今天，乡村依然是国家长治久安的重要基石。长期以来，乡村治理都是基层社会治理的重点，也是难点和薄弱点。乡村治理水平能否得到改善和提升，既制约着乡村全面振兴的实现状况，也影响着国家治理体系的完善和治理能力的提升程度。党的十九大提出了实施乡村振兴战略，并用"坚持城乡融合发展"为城乡社会发展和乡村治理明晰了发展原则。党的十九届四中全会又聚焦"推进国家治理体系和治理能力现代化"，强调要坚持和完善共建共治共享的社会治理制度，构建基层社会治理新格局。乡村全面振兴、城乡全面融合、国家治理体系和治理能力现代化总目标等国家战略都对乡村治理提出了新的更高要求，呼唤着乡村治理体系和治理能力现代化。

然而，由于历史和现实原因，乡村一直面临着发展困境与治理难题，甚至是理不动、理还乱的瓶颈问题。伴随着统筹城乡发展、新型城镇化建设的加快推进，乡村治理的经济基础、社会结构、文化支撑等都发生了重大调整，乡村治理理念、范围、主体、方式等需要进一步创新完善，乡村治理面临着治理目标不明确、基层党组织弱化、治理资源困乏、乡村治理方式单一、信息化治理程度低等现实困境，加快推动乡村治理体系和治理能力现代化是一个紧迫艰巨的任务。可以说，现代化变局中的乡村发展给乡村治理带来了新变化、新要求与新挑战，加强和改进乡村治理要适用主要矛盾转化、乡村振兴、民生发展的现实逻辑，没有适应新形势的治理理念、治理制度、治理技术的运用、支持和保障，不能真正实现乡村治理现代化，也不可能真正推动乡村振兴。当前，乡村治理水平不高严重掣肘乡村社会发展，推动乡村治理现代化转型已成为政府与社会的共识。概言之，不断推进乡村治理现代化，对于夯实乡村振兴的治理基础、统筹城乡融合发展、稳固全面建设社会主义现代化强国具有重要意义。

二、相关研究文献回顾

当前，推动乡村治理现代化转型已成为政府与社会的共识。学术界围绕乡村治理现代化的概念内容、存在问题、对策建议等方面展开了大量的讨论。

一是探讨乡村治理现代化的基本含义。考究乡村治理现代化，虽无统一定义，但治理体系与治理能力现代化是其两层内涵，桂华（2018）认为，二者是手段与目的的关系，其实现受国家能力、乡村体制和基层治理转型的影响。戴玉琴（2017）强调，乡村治理现代化要科学规制乡镇、村党支部和村委会的三维权力。也有学者认为，乡村治理现代化需要党和政府将多元主体引入治理实践，注重培育村民的公民意识，构建公民权利和公共权威，实现治理主体、客体、环境等要素的现代化转换。

二是分析乡村治理现代化的问题困境。有学者认为，我国乡村治理长期保持"简约"形态，忽视了社会性成分，现代化乡村治理要协调好民生与民主、技术化治理与群众路线、"村治"与"乡政"三对关系。吕德文（2019）指出，当前乡村治理面临国家与农民关系失衡、乡村治理内卷化以及乡村治理去政治化等问题。还有一些学者分析认为，乡村治理现代化存在着治理主体上的行政化、治理规范上的法治化缺失、支离化的治理结构以及现代治理体系未形成等问题。

三是探寻乡村治理现代化的实践路径。陈健（2020）从精准定位政府权力边界、发挥农民作用、完善城乡协同治理、乡村文化振兴等方面提出了策略；而李利宏和杨素珍（2016）则抓住"重构乡村传统治理资源"这一要素，提出了挖掘文化资源、激活乡贤资源与整合组织资源的详细对策。更多的学者是从构建党领导下的"三治结合"乡村治理体系，提升"一核多元"治理主体能力，激发基层治理活力、深化村民自治、优化新乡土秩序等方面来谋划乡村治理提升，涉及乡村经济、民主政治、法规制度、文化重建等乡村治理体系和治理能力现代化提升的各大层面。

既有研究对乡村治理现代化的基本内容、问题困境和提升路径做了初步探讨，为本文研究提供了分析视角、研究路径与方法借鉴，但也存在局限不足。在研究内容上，已有研究分析了乡村治理现代化含有什么，但并没有对乡村治理现代化的基本内涵做出明确梳理，没有回答乡村治理现代化是什么。在问题把脉上，缺乏对乡村治理现代化新需求和新问题的全面探究，没有从治理意识、治理机制、治理质效、治理主体、治理方式、治理文化等层面，整体归纳乡村治理体系和治理能力的提升障碍。在路径选择上，每一个乡村都是不同的独特存在，乡村治理现代化不存在统一的套路，但现代化背景下乡村治理发展的价值情境需要被明晰，通往乡村治理现代化的必经"道路"应当被铺筑。结合现代化进程中乡村治理发展态势，笔者认为，应注重从正式制度和非正式规范、现代规则完善和传统价值维系等层面整体推进乡村治理现代化，健全乡村治理体系，实现乡村治理的结构现代化、主体现代化以及手段现代化，不断提升乡村治理体系和治理能力现代化。因此，本文试图进一步"走进"乡村治理现代化：乡村治理现代化的基本内涵是什么，可以通过哪些维度来把握？现代化乡村治理在体系机制和能力建设上面临哪些现实难题？提升乡村治理现代化应关注哪些价值情境？在特殊性的乡村治理现代化实践中，重点做好哪些普遍性的基础工作？

三、乡村治理现代化的内涵与目标

乡村治理是国家治理的基石，提升乡村治理现代化是推进国家治理体系和治理能力现代化的重要一环。乡村治理体系现代化意在制度机制建设，即创新党领导人民有效治理乡村的一系列规则制度及相互作用机制。乡村治理能力现代化重在治理主体及其执行力，谋求提升各乡村治理主体能力。全面理解乡村治理现代化的内涵和目标，是推进乡村治理体系和治理能力现代化的重要逻辑起点。这需要我们从治理体系、治理理念、治理文化、治理方式、治理保障等方面把握，透视乡村治理制度化、民主化、德教化、精细化、法治化，最终在治理绩效上实现善治化目标。

（一）乡村治理现代化的基本内涵

1. 乡村治理制度化

制度化建设是乡村治理由分散探索纳入国家整体治理的必然选择，乡村治理现代化的重要特征是治理规则的制度化、治理过程的规范化。在治理体制上，乡村治理现代化是建成现代乡村治理的一系列制度体系，如民主制度体系、法治体系、社会管理体系、公共服务体系、社会治安体系等，是在党的统一领导下，搭建完善的乡村治理整体性制度框架。一方面，国家治理的系统性和乡村现实复杂性决定了乡村治理变革的"自上而下"推动必不可少，中央顶层设计为乡村治理现代化转型提供了制度原则和规则导引，保障乡村治理的稳定性；另一方面，面对当前乡村治理实践的碎片化、有效性不足、进路异化风险等问题，必须在乡村治理各个环节加强制度建设，增强制度权威和制度效率，提升乡村治理的公信力和有效性。

2. 乡村治理民主化

这涉及价值观念和治理意识问题，乡村治理现代化需要实现治理理念的现代化，摒弃传统的一元化思维、改变管理式的工作方式，更加突出科学、公平、正义，最大限度地吸纳多元治理主体参与乡村发展，提高乡村治理的民主化、科学化。一方面，乡村治理民主化是要落实基层群众自治权，实行民主选举、民主决策、民主管理、民主监督，保障村民直接行使民主权利，规避基层政府大包大揽、村民委员会自治性缺失、村民参与度不高、基层民主落实不够的治理问题；另一方面，乡村治理现代化是多元民主参与的治理状态，除了党委政府和村民个体外，各类规范的社会组织、经济组织和其他民间组织，都应在现代民主法治规则下参与乡村治理，形成多层次的基层民主协商治理格局。

3. 乡村治理德教化

乡村治理现代化以治理有效和乡村秩序良性运行为导向，实现良好秩序需要合理规则规约社会行为，更重要的是依赖社会成员对社会秩序规则的自觉遵守。道德文化作为内心的法律，它以柔性方式教化个体、导引价值，以文化规则的内化自觉于社会行动，是更简洁的治理，贴近于无治而治的状态。在文化传统上，乡村治理现代化不是简单的由传统转向现代或抛弃传统，而是立足于传统文化根基，推进德治教化、展现乡村文化精髓，把乡村治理现代化建立在乡村文化振兴和道德引领上，用文化治理推动"乡村之治"。

4. 乡村治理精细化

在方式手段上，乡村治理现代化是协同运用多种手段力量，发挥资源共享与整体合力，借助现代信息技术打造"互联网＋"治理模式，实现乡村治理智能化、高效化、精准化。一方面，是乡村治理方式的技术化，充分利用现代信息技术改善传统治理模式，推进乡村信息资源收集、处置、反馈的互联共享，提高乡村治理信息覆盖度、效率值，实现乡村治理的信息化和专业化；另一方面，是以精准结果为导向的精细化治理，把更多的资源下沉到基层，推动治理重心下移，构建覆盖乡村的网格化治理网络，以网格解决民众问题，为村民提供精准服务，如直接针对贫困户实施精准帮扶政策，引导"五老"人员和乡贤能人参与矛盾纠纷调解、乡风文明宣传、社情民意征集等乡村治理工作。

5. 乡村治理法治化

法治是制度化建设的最权威形式，法治精神也是现代社会秩序的主要支撑。在保障机制上，法治是乡村治理现代化的坚实后盾，乡村治理现代化是法律法规体系完备、法治环境良好的状态，能够自觉运用法治思维和法治方式深化改革、推动发展、化解矛盾、维护稳定、应对风险，实现乡村治理的法治化。一方面，建立完善的农村法律法规和政策，健全农村公共法律服务机制，尤其是持续做好困难群众的法律援助工作，营造有法可依、办事有法、寻法有道的乡村法治环境；另一方面，法治深入人心，常态化进行多载体的法治宣传教育，提升基层干部和民众的法治素养，增强基层依法办事能力，完善村级治理结构、规范村务工作程序，筑牢广大群众学法、知法、用法、守法的法治意识，切实提高乡村法治文明程度。

（二）乡村治理现代化的绩效目标

明晰了乡村治理现代化的内涵特征后，我们可以发现，现代乡村治理的原则是以人民为中心立场，秉持法治精神并将公平与效率充分地纳入乡村价值体系中，科学合理处置乡村社会中的利益与权利关系。不管是传统治理，还是现代治理，治理有效都是开展治理活动首先要解决的问题，其核心要件是秩序良性运行。在社会图景上，以社会善治为基准的乡村治理现代化，其根本目标和最终标志是最大程度地实现人民幸福，不断提升民众获得感、幸福感、安全感，致力美丽与良序的价值追求。具体而言，善治化是乡村社会治理的理想追求，其在社会秩序上是规则制度，在社会事务治理上是多元民主参与，在治理质效上是低成本运行，在发展态势上是稳定与可持续。从这个层面上说，制度、民主、公平、德治、和谐都是乡村善治化的基本要素，乡村治理制度化实现社会行动合法且有稳定预期，乡村治理民主化提供公平公正参与机会，乡村治理德教化降低治理成本，乡村治理精细化提升治理效率与质量，乡村治理法治化保障和谐稳定。需要指出的是，善治是一种良好的治理状态，现代发展背景下的乡村治理并没有放之四海而皆准的模板套路，唯一不变的主线是植根于过去基础上的动态调适，因时因地地去展现乡村治理本质——善治。

四、乡村治理现代化面临的现实问题

现代化推进中的乡村发展给乡村治理带来了新变化、新要求与新挑战，加强和改进乡村治理要适用主要矛盾转化、乡村振兴、民生发展的现实逻辑。当前，乡村治理现代化水平滞后于农村社会发展进程，推促乡村治理现代化转型已是共识，没有适应新形势的治理理念、治理制度、治理技术的运用、支持和保障，不能真正实现乡村治理现代化，也不可能真正推动乡村振兴。

首先，治理理念滞后。理念是行动的先导，乡村治理体系和治理能力现代化的顺利推进需要现代化的治理理念进行引导。然而，在乡村治理的时空境遇已发生重大结构性变革的情况下，一些基层政府仍然沿用传统管理思维和方式，且形成了习惯性认同，社会管理越位和缺位问题突出，挤压了其他治理主体参与公共事务的空间，多元共治格局尚未完全形成。

其次，乡村治理质效的"内卷化""碎片化"问题日渐凸显。乡村是基层社会的主要单元，加强乡村治理是推进社会治理的关键。健全乡村治理工作体系，要推动社会治理和服务重心向基层下移，向乡村倾斜更多治理资源，提高乡村治理效能。然而，乡村治理存在"碎片化""内卷化"问题，表现为，基层社区愈来愈复杂，但却没有发展的增长，在精细化外表下，运行效率低下、服务缝隙和管理空白增多的现象并未获得很好解决。

再次，现代乡村治理机制欠完善。从建立健全现代乡村治理体制入手，需解决好乡政机制建设弱化、村党组织引领作用不足、村民自治机制运转不灵、多元参与机制不够完善、监督保障机制失位、城乡融合体制机制缺乏等问题。

又次，乡村各主体治理能力普遍存在弱化倾向。其表现在，乡镇政权公共服务能力不足、乡政政权机制建设能力弱化；村党组织组织力、凝聚力下降；村委会自治能力、协调能力与发展要求不适应；农民主体地位淡化，自治能力、合作能力与参与能力较低；乡村社会组织孕育发展困难、功能定位不准、专业化水平不足。

最后，乡村治理手段仍需加强。其体现为，法治建设仍是乡村短板，民众制度意识、法治规范还很薄弱，社会治理的法治化亟须提升；科技支撑力不足，乡村的信息化治理程度低，城乡一体的智能化社会治理体系需加快建立；乡村文化断裂明显，传统文化与现代治理的互促力不足，应以增进文化认同提升社会共同体治理质量。

五、推进乡村治理现代化的路径考量

乡村治理现代化意在现代条件下达成乡村善治，在治理理念、治理制度、治理结构、治理技术等层面不断现代化，建立和完善城乡一体化经济社会发展治理协同机制，引导和发挥各个治理主体协同共建的积极性，消除矛盾、化解困境、改善民生，构建共建、共治、共享的乡村治理格局。当前和未来一个时期内的乡村治理现代化方向是，在城乡融合发展的基础上，构筑党建引领、政府负责、多元主体协同共治的社会治理共同体，做好传统治理模式与现代治理模式相结合，人的治理与物的治理相结合，正式规则与非正式规则相结合，直接治理与委托代理相结合，不断提升乡村治理的制度化、民主化、法治化、协同化、精细化、智能化，探索新时代乡村治理良善之道。

一是加快推进城乡融合发展，优化乡村治理结构和资源配置，促进城乡经济社会一体化发展是实现乡村治理现代化的关键路径。

二是构建乡村治理新体制以适应治理体系变革，建立乡村治理中协同理念与协调机制，健全城市参与乡村治理的平台机制和政策支持引导机制，把传统治理转换为现代治理，完善党组织领导乡村治理的体制机制。

三是优化乡村治理主体体系，提升新时代乡村"一核多元"治理主体能力，将党的政治优势转化为治理能力，以强化制度权威为核心增强基层党组织的凝聚力，以精准政府权力边界推动乡镇政府现代化转型，以深化村民自治实践打造多层次基层协商格局，以人民权益维护为导向提升农民主体地位和主体治理能力，以政府、社会、市场的关系理顺集聚社会共治力量。

四是构建自治、法治、德治相结合的乡村治理新体系，建立健全乡村治理体系的监督保障机制，完善共建、共治、共享"三共"结构。

五是建立和完善乡村治理的文化繁荣促进机制，以乡村文化振兴构建乡村文明新体系。

六是深化乡村人才队伍建设，实施乡村人才培育工程，建立城乡人才合作交流机制。

七是以"互联网＋应用"等手段增强乡村治理科技支撑，坚持理念创新与技术运用、线上治理与线下治理相结合，构建城乡一体的智能化社会治理体系，提升乡村治理质量和效率。

参考文献

［1］桂华.面对社会重组的乡村治理现代化［J］.政治学研究，2018（5）：2-5.

［2］戴玉琴.农村民主治理的制度内卷化分析［J］.江苏社会科学，2017（4）：102-108.

［3］吕德文.乡村治理70年：国家治理现代化的视角［J］.社会科学文摘，2019（12）：57-58.

［4］陈健，高曼菲，吕海燕.珠海市乡村农业产业振兴的实现路径［J］.乡村科技，2020，11（26）：23-24.

［5］李利宏，杨素珍.乡村治理现代化视阈中传统治理资源重构研究［J］.中国行政管理，2016（8）：81-85.